高くてもバカ売れ！
なんで？

インフレ時代でも売れる7の鉄則

川上徹也

SB新書
645

※本書に記載されている情報は２０２３年11月時点のものです。個別商品・サービスに関する最新の情報は、各公式サイトなどでご確認ください。

はじめに

ここ数年、あなたの会社は「商品」や「サービス」を値上げしましたか？

その値上げによって「売上」や「利益」はどう変わりましたか？

本書は何かしらの「商品」や「サービス」を売っているあなたに向けて、「高くても売れる方法」が思いつくヒントをお伝えする本です。

2020年春以降、新型コロナウイルスの世界的な流行が経済や消費者の行動に大きな変化をもたらしました。さらに23年5月、コロナが「5類感染症」に移行したことで、再び大きな変化が生まれています。

そしてここ数年、私たちが直面しているのは、身の回りのあらゆるものの物価が上がり続けるインフレ時代です。
多くの消費者は、手取りも変わらない中、より厳しい経済状況に置かれています。
働いても働いても給料が上がらない。
値段を見ると「高いなぁ」と感じて、買うのをためらってしまう——。

しかし売り手側に立ってみると、値上げしたくて値上げしているわけではない。原材料・人件費・物流費などの高騰で値上げせざるを得ない状況なのです。また、日本だけが安売りを続けていたら、世界から取り残されてしまう。「モノやサービスの値段が上がることで結果として多くの人の収入も上がっていくはず」という考え方もあるでしょう。

とはいえ、値上げしたことによって売上が大きく落ちてしまった商品も数多くあります。それでは何のために値上げしたかわかりませんよね？
ただ、高価格の商品がすべて売れなくなっているわけではありません。コロナ禍においてもアフターコロナが始まった現在も、ヒット商品は変わらずに出続けています。その中には、値段に関してかなり高く感じるものも数多くあります。

高くてもバカ売れする。

その秘密は「なぜ？」だと思いますか。

本書では、コロナが流行した20年春以降から、本格的なアフターコロナが始まった23年秋までに「値段が高くてもヒットした商品」に絞って分析し、その秘密を解き明かしていきます。

こんな時代に、コスパで考えると「どうかな」と思うのに、なぜか財布の紐（ひも）がゆるんでしまう商品には、これからの時代のヒットにつながる共通点があると考えるからです。

「値段が高い」の壁をどう壊すか？

感情が動く。

気分がアガる。

テンションが高くなる。
極力シンプルに表現すると、新時代のヒット商品の共通点はここにあります。
人は自分の気持ちを高揚させるものに対しては、お金を出してしまう。だから高くても売れるのです。

人間がモノやサービスを買ったり、店で飲食をしたりするときには、大きく分けて「理性的な消費」と「感情的な消費」という2つのスタイルがあります。

たとえばドラッグストアで日用品を買うときは、あなたも値段、実用性、利便性、知名度などを勘案して購入していると思います。「価格」と「品質」のバランス、いわゆるコスパを考えた、「理性的な消費」と言えるでしょう。

一方で「感情的な消費」は、「理性」で考えるとコスパは良くないし、ちょっと高かったりするのだけれど、なぜか欲しくなり買ってしまう消費スタイルのことをいいます。

普段は節約していても、好きなアイドルやタレントの「推し活」のためなら、グッズに何万円払っても惜しくない。

応援しているスポーツチームのロゴ入りタオルや、旅先でつい買ってしまうお土産も、コスパで考えたら不合理な買い物ですよね。

あるいは、自分へのご褒美として買うアクセサリーや高級時計、記念日に足を運ぶレストランやプレゼントも、「理性」ではなく「感情」を優先する消費になります。

記念日のデートでコスパを追求したら、パートナーのテンションが下がって不機嫌に――なんてことにもなりかねません。

経済的な余裕がなくなるインフレ時代には、人は合理的な消費行動をとることが多くなります。

でも、それだけでは心が枯れてしまうし、満たされないものがある。

潜在的にそう理解しているからこそ、人は自分の感情を動かしてくれるものに価値を感じ、不合理でもお金を払いたくなるのです。

あなたの会社が「理性」で売ってはいけない理由

日本全国には約368万社の企業があると言われています（総務省・経済産業省「令和3年の経済センサス－活動調査」による）。

その中で従業員300人以上の企業の割合はどれくらいだと思いますか？

それはわずか0・78％にすぎません。99％はいわゆる中小企業だと言っても差し支えないでしょう。

もしあなたの会社が、いわゆる中小企業であるならば、商品やサービスを「理性」で売ってはいけません。

消費者の「理性」に訴えるためには、「価格」や「品質」といった「合理的」な土俵の上で勝負しなければならなくなります。この戦いの基本は「効率」ですから、いわゆる大企業やチェーン店など、効率の追求に長けた組織が勝ち残る可能性が圧倒的に高くなるからです。

たとえ、あなたの会社が大企業やチェーン店であったとしても、業界トップでなければ同じ土俵に上がっても勝ち目はない可能性が高い。

何らかの形で消費者の「感情」を動かし、「感情的な消費」の土俵へと、勝負を持ち込む必要があるでしょう。

インフレ時代でも「高くても売れる」7つのキーワード

本書では、主にコロナが流行した2020年以降、23年秋までの100を超えるヒット商品の事例を検証してみました。

その結果、「バカ売れ」につながる可能性が高いキーワードが浮かび上がってきました。いずれも、今の時代に人の感情を大きく動かす重要なポイントです。

それが、上図にまとめた7つのキーワー

「高くてもバカ売れ!」する7つのキーワード

① アガる
② プレゼント
③ 自分メンテナンス
④ プチ贅沢ご褒美
⑤ 応援消費
⑥ レトロエモい
⑦ ガチニッチ

ドです。

本書では、この7つの「高売れキーワード」を軸に、1～7章でさまざまな事例を紹介しながら、消費者の感情を動かすポイントを分析していきます。

もちろん、これらのキーワードは完全に独立しているものばかりではなく、ひとつの商品にいくつか重なり合っていることもあります。とくに「気分がアガる」という要素は、他のキーワードで取り上げた事例にも共通して存在するものかもしれません。

また8章では「今すぐ価格の壁を打ち破るための7原則」と題して、キーワードとは違う切り口から「どうすれば高くても売れるようになるか」を考察します。

この1冊を読み終わる頃には、あなたの会社の商品やサービスが「高売れ」するアイデアを思いついているはずです。

それでは、まずは2023年時点で私が気になっている「アレ」からご一緒に見ていきましょう。

高くてもバカ売れ！　なんで？　インフレ時代でも売れる7の鉄則◉もくじ

1章

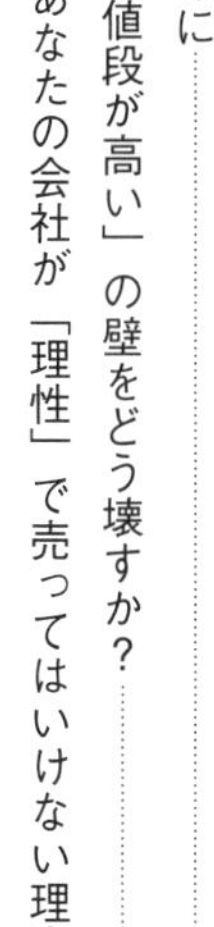

なぜ、コロナ禍に「リップモンスター」はバカ売れしたのか？

気分がアガれば商品は売れる

キーワード　アガる

2章 イチゴを1粒1000円で売る方法を考えなさい

贈答用に変えれば売値は変わる

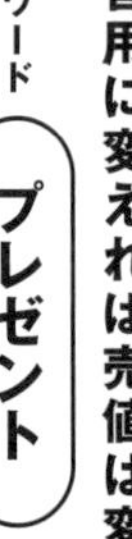

キーワード
プレゼント

3章 なぜ、私たちはYakult1000が欲しくなるのか？

カラダをいたわるためならいくら出してもいい

キーワード **自分メンテナンス**

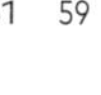
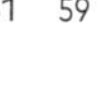

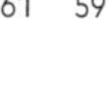

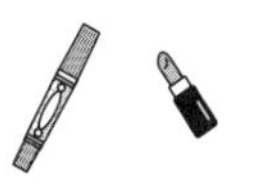

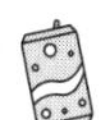

4章 なぜ、ゴディバはローソンやマックで商品を売るのか？

自分へのご褒美なら、プチ贅沢しても「ま、いいか」

キーワード **プチ贅沢ご褒美**

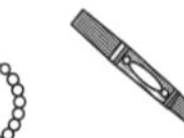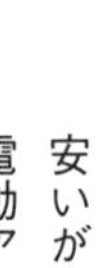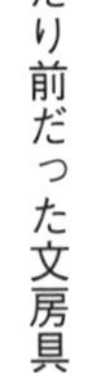

5章 廃棄寸前の真鯛が6300匹も売れた理由

応援や推しにお金を使えば心が満たされるのはなぜ？

キーワード **応援消費**

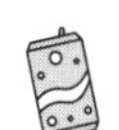

6章 今、なぜ昭和レトロ家電が売れるのか？

「エモい」感情が生まれると「利用したい」「買いたい」が芽生える

キーワード レトロエモい

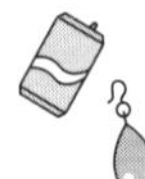

7章 ガチ中華が魅力的に感じるのはなぜ？

本物にだったら人はお金を出す

キーワード
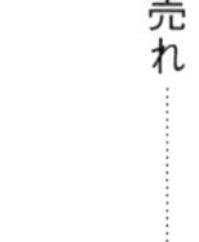
ガチニッチ

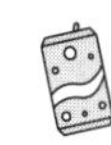

8章 今すぐ価格の壁を打ち破るための7原則

1章

なぜ、コロナ禍に「リップモンスター」はバカ売れしたのか？

気分がアガれば商品は売れる

キーワード

アガる

なぜか気分がアガるシェアラウンジ

書店好きの私が、2023年時点でとても気になる存在。

それが全国の蔦屋書店やTSUTAYAなどで続々と増えている「シェアラウンジ」という業態です。

中でも2022年12月に東京駅丸の内口にある丸ビル内にオープンした「TSUTAYA BOOKSTORE MARUNOUCHI」は、ある種の衝撃がありました。

「湘南T-SITE」のシェアラウンジをよく利用していた私は、オープンしてすぐに打ち合わせでこのラウンジを体験しました。湘南も居心地がいいスペースでしたが、さらに上の上をいく規模とゴージャスさです。座席は1人で集中できるスペースから、数人の打ち合わせができるスペースまでバリエーションに富んでいます。

何よりもドリンクやスナック、スープ、パンなどの軽食類が豊富にあり、もちろん食べ放題です。私も打ち合わせ相手も何だかテンションが高くなっているのがわかります。もちろん書棚の本や雑誌、マンガも自由に読むことができます。

おかげで打ち合わせは盛り上がり、気づくと2時間以上たっていました。そして、お会計をする時、ちょっと「おっ」と思ってしまったのです。そう、丸ビルのラウンジは湘南に比べて1・5倍くらい高い設定で、60分1650円でした。2時間半で1人約4000円、2人合わせると約8000円です。ただの打ち合わせに使う金額としてはなかなかですよね？

そしてその時、私は思いました。

「確かに空間としては素晴らしい。でもコワーキングスペースとしてはやはり少し高い気がする。オープン当初はいいとして継続的にお客さんが来るのだろうか？」

実際その日来ていたお客さんは、関係者っぽい人たちや新しいもの好きな感じの人たちが多く、そこまで賑わっているような印象はありませんでした。

しかし、数カ月後の日曜日の午後に同じラウンジを訪れると、その心配がまったくの杞憂だということがわかりました。

大勢のお客さんで賑わっていたのです。

しかも1人で仕事をしている人ばかりではありません。むしろ2～4名程度の女性グループが多い印象です。小さな子ども連れもいます。湘南のシェアラウンジでは考えられない光景です。もちろん日曜日だったことが大きな要因だとは思いますが、そこそこ高いお金を出してまで、なぜ彼女たちはこのシェアラウンジを訪れているのでしょうか？

グループで来ている人たちは、非日常感に心なしか気分がアガり、テンションが高くなっているように見えます。私はこの光景をどこかで見たことがある気がしたのです。

ヌン活はなぜアガるのか？

それは、高級ホテルのラウンジで大流行しているアフタヌーンティーでした。

3段トレイにサンドイッチ、スコーン、ケーキなどが美しく盛りつけられて提供され、ポットサービスの紅茶を飲みながら優雅な時間を過ごすアレです。最近はシャンパンを提供するところも増えています。

もともとはイギリスの公爵夫人が夕食までの間、空腹に耐えきれずに紅茶とともに間食したのが始まりで、それが貴族階級に広まったとか。

日本では1990年代頃から外資系ラグジュアリーホテルがラウンジなどで導入して人気になりました。その後、多くのホテルのラウンジに導入され、アイドリングタイムの売上を支える重要な商品になっていきます。

それがコロナ禍にブームと呼ばれるような現象になり、色々なホテルのアフタヌーンティーを食べ歩く活動を「ヌン活」と呼ぶようになりました。

人気ホテルのアフタヌーンティーは、コロナ禍でも予約がすぐに埋まるほどだったといいます。

もちろん例外も多くあることを承知で断言すると、アフタヌーンティーのお客さんの多くは2～4名くらいの女性グループ客です。

2時間の時間制の場合が多く、価格は5000～1万円くらいでしょうか。

決してコスパがいいとはいえない。インフレ下で消費者の節約志向などと言われているのに、なぜこんなにも多くの人が喜んで高いお金を出すのでしょうか？　私自身も何度か体験したことがあるので想像がつきます。

それは気分がアガるからです。

ゴージャスなホテルのロビーで、3段トレイに色とりどりの軽食やスイーツが並べられているのを優雅に食べる非日常感に気分がアガるのです。とくにコロナ禍で行動が抑圧されているときには、なおさらでした。

前述したシェアラウンジも同じです。

その場所を訪れたときの「なぜか気分がアガる」という感じ。あの感覚が重要で、それによってみんなが来たくなり、高価格であっても女子会や親子連れといった新たな客層をシェアラウンジに呼び込んでいるのだなと腑に落ちたのです。

一方で、「アガらない」シェアラウンジでは高価格を維持するのは難しいでしょう。

ということで、「高くてもバカ売れ」キーワードの1つ目は「アガる」です。

ここからはコロナ禍という多くの人の行動が抑圧されていた時代に、「アガる」をキーワードに大ヒットした商品を見ていきましょう。

まずはあの「リップモンスター」からです。

コロナ禍にモンスター級にヒットした「リップモンスター」

2020年からのコロナ禍における生活習慣上の一番大きな変化、それは「マスクをつける」ということでした。

KATE「リップモンスター」

出典：株式会社カネボウ化粧品

その影響はさまざまな業界に及びましたが、中でも化粧品業界に大打撃を与えました。とくに影響が大きかったと言われるのが、マスクで完全に隠れてしまう口元用の化粧品。つまり口紅です。

ところが、花王傘下のカネボウ化粧品が展開するメイクアップブランド「KATE（ケイト）」が２０２１年５月に売り出した口紅「リップモンスター」は異例の大ヒット。２０２３年10月の時点でシリーズ累計出荷数（リップモンスターシリーズ：リップモンスター・ミニサイズ・限定色・スフレマット、期間：２０２１年４月20日～２０２３年10月31日）が１７００万本を超え、今も新色が登場するたびに注目を集めています。

「リップモンスター」が大ヒットした要因でよく言われるのは、マスクに口紅がつきにくいという機能的な側面でした。

公式サイトによると、「リップモンスター」は唇から蒸発する水分を活用して「密着ジェル膜」に変化させている。だからつけたての色がそのまま持続する。だから落ちにくくマスクをしても口紅がベットリつきにくい。

マスクを外しても口紅の色が残っているというのは、メイクをする人にとってとても嬉しいことであることは確かでしょう。

しかし私は、「リップモンスター」がコロナ禍にバカ売れしたのは、機能性に加えて、消費者の「感情」を大きく動かしたことが要因だと考えています。

シンプルに言うと、リップモンスターを買うことで気分がアガったのです。

知人の女性ライターは、ネットで噂になっているのを知って「一度試してみようかな」と思い購入。すると使用感も良いので気に入ってしまい、すでに何本もコレクションをしているそうです。

彼女いわく、カラーバリエーションが豊富で、ネーミングも個性的なので買うこと自体が楽しいのだそう。その結果、さまざまなカラーをついつい買ってしまい、中にはまったく使っていないものもいくつかあるとのこと。にもかかわらず、ドラッグストアでは未だに品薄なので立ち寄るとついKATEの棚を覗(のぞ)いてしまう。見つけると「あった！」と嬉しくなって、またつい買ってしまう……らしいです。

人は「ない」と思うと欲しくなる生き物。「品切れ続出」の状態になると、値段に関係なく欲しいという人が現れます。人間の心理というのは不思議なものですね。

また、彼女が言うように「カラーバリエーションの豊富さ」「個性的なネーミング」も、この商品の購入が「アガる」ことにつながっていることは確かです。

何本もコレクションさせてしまう魔法のネーミング

私がコピーライターとして、この商品の肝だと感じたのはネーミングです。

まずは「リップモンスター」という名前。

ネーミングにモンスターを用いると大ヒットに繋がることがあります。たとえば台湾のかき氷店「アイスモンスター」や、エナジードリンクの「モンスターエナジー」のように、一種のパワーワードと言えるかもしれません。ただし、これまで化粧品のような女性的な印象が強い商品につけることは、まずありませんでした。

だからこそ、そのインパクトは絶大でした。口紅というアイテムで、商品名がこれだけ前面に出て認知されているものはなかなかありません。

コピーライティングの肝として「合わない言葉を組み合わせることで化学反応を起こす」というテクニックがあります。

「リップ」と「モンスター」の組み合わせはまさにこれです。

KATE の開発担当・宗田杏樹さんのインタビューによると、この「リップモンスター」という製品名は「とにかく落ちにくそう、なんだかスゴそうという最強感、貪欲な期待感を思わせる名前」として考えたといいます。そこから転じて「モンスターが住む世界って、こんな感じ」とストーリーを深めていき、個々のカラーの名前もその世界観からイメージしていったそうです。

そう、「リップモンスター」がすごいのは、全体のネーミングだけでなく個々のカラーのネーミングにもストーリーが感じられるという部分です。

たとえば「憧れの日光浴」というカラーは、「普段は夜に活動しているモンスターにとって太陽は縁遠いもの。でもだからこそ、日光浴に憧れていて……というストーリーをのせた、フレッシュなオレンジカラー」と説明されています。「水晶玉のマダム」は「水晶玉の中に住んでいる真っ青な顔のマダムでも、この色を塗ればたちまち血の気が蘇るはず、という色」。「ラスボス」は「肌トーンを選ばず、どんな人も掌握する色。他のカラーが敵視する存在、ということから名付けました」とのこと。

ネーミングだけではもちろん、説明を読んでも「じゃあ、どんな色なの？」とわかりにくいのですが、そこが逆にいい。1本買うと、なんとなく他のカラーも気になってくるというわけです。

発売された時期が、コロナ禍であることを考えれば、「マスクにつかない口紅」というのはかなり重要なスペックであり、この機能だけを打ち出すような売り方もできたに違いない。

しかし「リップモンスター」はそうしませんでした。

閉塞感のある状況で、人々の意識がリップメイクから遠ざかっていたときに、あえて最強感というか、「とにかく強い」という世界観を打ち出す。

その逆張りのような戦略によって消費者の感情を動かし、再び口紅というものにフォーカスさせた。抑圧された状況下で、「リップモンスター」を買うことでつかの間の気分をアゲた女性は多かったに違いありません。

それが爆発的なヒットにつながったのでしょう。

オトコも下着でアゲたい

今までの常識を破った男性用下着で、完売状態が続くほどの大ヒットを飛ばしている商品があります。

それが女性用下着メーカーとして知られるワコールの男性用インナーウェアブランド、「WACOAL MEN（ワコールメン）」から登場した男性用高級下着「レースボクサー」です。

2022年には『GOOD DESIGN BEST100』を受賞し、「WACOAL MEN」ブランドサイトの訪問者数も2倍以上になったそうです。そう聞くと、一体どんな下着なのか、ちょっと気になってきませんか？

「レースボクサー」の価格は1枚4000円弱で、ラグジュアリーな総レース使いが特徴です。カラーはブルーや黒だけでなく、赤、ピンク、イエローとバリエーションが豊富で、コレクションする楽しさもあります。ジェンダーレスやLGBTQ＋などの時代性にもマッチしており、メンズインナーの新しい提案として注目されています。

しかもセクシーさや美しさだけではなく、レースを使っていることから通気性に優れ、アウターに裾のラインが出にくく、穿き心地も抜群とのこと。一度試すと他が穿けなくなるという評判です。

「レースボクサー」の開発チームを取材したワコールの記事によると、メンズインナー全体の商品企画を担当する稲積美紀さんは、以前から「レースを使って男性用のパンツを作ってみたい」という夢がありました。

男性にとって下着は日用品。女性のようにランジェリーで非日常を楽しむ習慣はあまりなく、黒、紺、グレー系のベーシックなデザインが主流です。

ところが２０２０年にワコールが消費者調査を実施したところ、データから「男性用インナーも女性用と同様に、きれいさや上品さが求められてきている」ことが読み取れたのです。

メイクやネイルを楽しむ人が増えているように、男性たちの美意識に変化が起きている。今なら女性が下着に抱いている華やかでワクワクする感覚を、レースを使ったインナーウェアで男性にも実感してもらえるのではないか――。そんな思いから「レースボクサー」の提案に至ったといいます。

稲積さんたちが手応えを感じたのは、初めてできたサンプルを社内で試着してもらったときでした。「穿いてみて気分がアガった」という声が寄せられるなど、男性たちの反応がとても良かったのです。

実際、2021年10月にクラウドファンディングサイト「Makuake（マクアケ）」で先行販売したところ、目標金額の30万円に対して、約700人が320万円分の「レースボクサー」を応援購入。その後、伊勢丹新宿店など3店舗とオンラインで販売を始めると、発売から10日で3カ月分の在庫が完売しました。

人が何に価値を感じるかはさまざまですが、自分の気持ちがアガるものに対しては、多少高くてもお金を出すものです。

このレースの下着だけの事例ではなく、これまで一般的には女性の気分をアゲていたもの（下着、化粧、美容、ネイルなど）が今、男性の気分をアゲるようになってきています。

今後このジャンルで大ヒット商品が生まれてくることは間違いないでしょう。

湧き上がる泡が気分をアゲて大ヒット

コロナ禍で買い手の気分をアゲることで大ヒットした商品に「アサヒスーパードライ生ジョッキ缶」があります。

販売スタートは2021年4月。コロナ禍で外に飲みに行きにくい状況も追い風となり、発売直後から話題が沸騰。わずか2日で、一時的に出荷停止となるほど人気になりました。

アサヒスーパードライ
生ジョッキ缶

出典：アサヒビール株式会社

「アサヒスーパードライ 生ジョッキ缶」のキャッチコピーは「まるでお店の一杯目！」。缶フタをフルオープンできるようになっていて、パカッと開けるとふわふわの泡が自然に湧き出てきます。飲み口が大きく開くので、まるで生ビールのジョッキのように飲めるというわけです。

缶生ビールなのに、まるでお店の生ジョッ

キのように楽しめるスーパードライ。

開発チームがこのアイデアを思いついたのは、消費者へのインタビュー調査で、「家飲みもいいけど、本当は家でお店の生ビールが飲みたい」「缶ビールはお店で飲むビールと比べると、気持ちの盛り上がりに欠ける」といったコメントが寄せられたことがきっかけだったといいます。

とはいえ、ビール缶をフルオープンにするのも、泡をたたせることも技術的には難しいはず。なぜ、アサヒビールはこのような商品を開発することができたのでしょう？

実は「フルオープン蓋」と呼ばれるアイデアが生まれたのは商品化の約10年前でした。しかし消費者インタビューでは「泡が消えてしまったビールみたいでマズそう」と不評で、製品化には至らなかったといいます。

また、開口時にクリーミーな泡を出すという技術も２０１７年に開発されていました。しかしこの時は、小さな飲み口から泡が見えるだけではシズル感がないとお蔵入りになっています。

この２つの技術を掛け合わせることで実現したのが「アサヒスーパードライ 生ジョッキ缶」なのです。

とはいえ吹きこぼれのリスクは高く、泡のコントロールが非常に難しい。

こぼれそうな泡を見て気分がアガる、そんな圧倒的なワクワク感を実現するために、リスクがあってもチャレンジする。

「アサヒスーパードライ 生ジョッキ缶」が商品化できたのは、「お客様に驚きや感動を提供する」というアサヒビールのミッションによるところも大きかったのではないかと思います。

定番のお菓子が「アガるお菓子」に

コンビニのお菓子コーナーで、謎のゆるキャラがチョコの海から「ぬぅ〜〜〜〜ん」と顔を出しているパッケージを見かけたことはありませんか？

そのお菓子の名前は「カントリーマアム チョコまみれ（以下「チョコまみれ」）」。

不二家が、ロングセラー商品「カントリーマアム」の35周年を記念して開発したもので、定番品よりもチョコレート量を2倍に増やしてクッキーの外側までチョコレートでコーティングしていることが最大の特徴です。

**不二家 カントリーマアム
チョコまみれ**

出典：株式会社不二家

カントリーマアムの購買層は30～40代が中心だったことから、より若年層に向けてアプローチしたいという思いから企画されました。

「チョコまみれ」は２０１９年11月にセブン-イレブン限定で発売されるとＳＮＳで話題になり、予定数量を１カ月で完売。20年９月からは容量を増やして全国発売に踏み切りました。

その濃厚な味にリピーターも多く、売上金額は２０２１年だけで60億円を突破。ブランド全体の年間売上が２００億円を超える原動力にもなりました。

その人気は、「日経トレンディ２０２１年ヒット商品ベスト30」の11位にも選ばれるほどでした。

では、なぜ定番化しているお菓子のバリエーションがこんなにもヒットしたのでしょうか？

まずは「あまーいものを無限に食べたいという人類の心の叫びが形となり現れた救世主」というコンセプトが、買う人の気持ちをアゲるということです。

「チョコまみれ」というネーミングがそれを端的に表現しています。

　そして、ヒットに貢献したのがパッケージに描かれているゆるキャラ「まみれさん」です。長寿ブランドである「カントリーマアム」とゆるキャラのギャップは若い世代の熱い支持を受け、ＳＮＳでも話題を呼びました。

売り出し方も巧みでした。あえて２０２０年９月まではブランドサイトを作らず、キャラクター設定なども不明のままにしたのです。これが逆に関心を呼び、謎のゆるキャラとして話題性を維持することに成功しました。

「カントリーマアム」や「ホームパイ」のような老舗ブランドのロングセラー商品は、強いブランドイメージのなかで〝どう暴れるか〟がヒットの鍵と言えます。

たくさんの商品が並ぶコンビニで「これは何だろう？」「ＳＮＳにアップしたい」と感じる商品を発見するというのは、かなり「アガる」瞬間であることは間違いありません。

「チョコまみれ」は若年層を刺激するユーモラスな世界観で、既存とは異なるターゲット層の獲得に成功した例と言えるでしょう。

ひと手間かける体験にアガる

食品の場合、「何かひと手間かける」という体験が利用者の「気分をアゲる」ポイントになることがあります。

２０２３年４月から期間限定発売されたハーゲンダッツの「ミニカップ SPOON CRUSH（スプーン クラッシュ）」はＳＮＳなどで話題になりました。

コンセプトは「五感を刺激しながら、複合的で贅沢なおいしさを楽しめる体験型アイスクリーム」です。

売りは「パリパリ」ならぬ「パリじゅわ」。一番上に薄いチョコレートの層があり、スプーンでパリッと割ると、中からベリーや抹茶のソースがあふれ出てくるという、シズル感のある構造になっています。

この「ひと手間かける」という趣向が、ヒットした要因だと考えられます。

「カチカチのチョコをスプーンで割るのがちょっと大変。でも、割ったらどうなるんだろう？　というワクワク感」で気分がアガるのです。

2023年5月に発売された丸亀製麺の「シェイクうどん」も「ひと手間かける体験」がヒットした要因のひとつだと考えられます。

持ち帰り限定商品で、カップの中に冷たいうどんとつゆ、梅おろしや明太とろろといった具が入っています。食べる前にカップを振ってシェイクすることで味が完成し、おいしく食べることができます。

こちらもリズミカルに振るという「ひと手間」によってワクワク感が高まって気分がアガるという、消費者の心理をうまく利用しているのです。

食品を開発するときは「食べやすさ」を重視しがちかもしれません。

そこをあえて食べにくさというか、ちょっとしたハードルを設けることで、「参加型フード」になって消費者の気分がアガる。

時にはそんなアプローチを検討してみるのもいいでしょう。

劇場型ハンバーグはシズル感で気分をアゲる

こうした「参加型フード」を飲食店に取り入れた事例のひとつが、テレビなどでも話題の「劇場型ハンバーグ」です。

「山本のハンバーグ」創業者がプロデュースした新業態の店としても注目される「挽肉と米」や、福岡発の人気店「極味や（きわみや）」のように、目の前でジュージューとハンバーグを焼き上げるシズル感が消費者を魅了しています。

私もコロナ前、福岡で「極味や」に行ったことがあります。表面だけ焼いて中はレアの状態で出てくるハンバーグを、熱した石で自分好みに焼きながら食べるスタイルで、確かに気分がアガりました。

印象的だったのは、お客さんの8割方が韓国をはじめとする海外からの旅行者だったことです。韓国では「フクオカハンバーグ」と呼ばれるほど、福岡名物として「劇場型ハンバーグ」が人気を博しているのです。

一方、「挽肉と米」は「挽（ひ）きたて、焼きたて、炊きたて」がコンセプトの、炭火焼きハンバーグと炊きたてごはんの専門店です。丼にたっぷりと盛られた白ごはんの上にハンバーグを載せ、さらに卵の黄身を載せるという豪快かつシンプルな提供方法が話題となり、ＳＮＳにもシズル感あふれる写真がたくさんアップされています。

吉祥寺店は予約を受け付けておらず、朝８時頃から並んで順番待ち名簿に記帳しないと入れないほどの人気ぶりです。２０２３年７月には海外初の旗艦店が台湾にオープンしています。

広告業界でよく言われる「シズル」という言葉は、ステーキを焼くときのジュジュッという音が由来です。ＣＭを制作するときは「この商品のシズルは何か？」、つまり「食べたくなる、買いたくなる部分はどこなのか」という問いが重要になります。

今までの例では、ハーゲンダッツなら「ひと手間かけてチョコを割る」ところが一番のシズルになるわけですし、丸亀製麺の「シェイクうどん」であればシェイクするところがシズルになります。

シズルが人の気持ちをアゲるのです。

自社製品のシズルは何なのか。食べたい、買いたいという感情を刺激する部分はどこなのかを考えてみることも、「高くても売れる」のヒントになるのではないでしょうか。

これは何も食品には限りません。「劇場型○○」というフレーズで商品開発をしてみるのはどうでしょう？

マイクパフォーマンスで気分をアゲる

店頭でお客さんの気分をアゲることで「高くても売れる」ことがあります。

八ヶ岳の麓、山梨県北杜市にある「ひまわり市場」は、店頭にお客さんの気分がアガる仕掛けが色々と施されています。

「ひまわり市場」が全国的に知られるようになったのは、数年前に同店のPOPの写真がお客さんによってTwitter（現・X）でアップされ、その投稿がバズったことでした。

A4の紙いっぱいにこれでもかと熱く商品のオススメポイントが書かれているのですが、これが読みふけってしまうほど面白いのです。

「ひまわり市場」のPOPは手書きではなくパソコンで作られていて、そのほとんどは社長の那波秀和さんが考案したものだといいます。

はっさくのPOPは「『甘い柑橘が人気』なんてどこ吹く風…この堂々たる酸味と、苦味は誰にも負けない!!」。豊後水道産活甲いかは「ひまわり市場に届いた時点で、ガンガン生きていた。あの伝説のワル・職人まるに向かって、あろうことか墨を吐きかけた度胸ある甲イカです」。

ちなみに「職人まる」というのは、「ひまわり市場」で魚の調理を担当されている職人さんのニックネームです。

さらに、「ひまわり市場」のエンタメ性を高めているもうひとつの名物として、那波社長によるマイクパフォーマンスがあります。

公式サイトのスタッフコーナーでは、那波社長について「いつも控えめにニコニコと笑う男が、ひとたびマイクを握ると豹変（ひょうへん）する。圧巻のマイクパフォーマンスをするその姿は『八ヶ岳の綾小路きみまろ』との異名も」と紹介されています。

1時間に1回ほど行われる「魂のマイクパフォーマンス」の後は、集中的に商品が売れると聞きます。

もちろん「ひまわり市場」の商品はPOPやマイクパフォーマンスだけで売れているわ

けではなく、人気の根底には圧倒的な商品力があります。

「野菜やお肉、お魚、寿司、加工品やお酒に至るまで『造り手の想いがあるもの』を取り揃え、お客様をビックリさせる」。

そんな思いがＰＯＰやマイクパフォーマンスにまで漲っているからこそ、この1店舗だけで年商9億円の売上を記録する人気店となったのです。

最近はメディアに紹介されることも多く、２０２３年のＧＷには1日1万人以上が押し寄せたというから驚きですね。

2ケタ×2ケタの掛け算が気分をアゲる

半年ほど前に新聞で書籍広告を見て、「これやってみたい！」と一瞬で気持ちがアガったものがあります。

それが『小学生がたった1日で19×19までかんぺきに暗算できる本』（ダイヤモンド社）という本です。

２０２２年12月に発売され、23年11月時点で発行部数51万部を超えるベストセラーとなっています。

著者は東大卒のプロ数学講師である小杉拓也さん。簡単な法則を覚えるだけで2ケタの掛け算が暗算でできるようになる、「おみやげ算（送り算）」について解説した小学生向けのドリルのような本です。

日販・トーハンの「2023年年間ベストセラー」では、学習参考書としては史上初となる総合1位にランクイン。同年上半期の「日経MJヒット商品番付」などにも選ばれています。

「送り算」そのものは以前からあった計算法だと思いますが、それが1冊の本になって、しかも売れるというのはすごいことです。

一体なぜ、この本がそれほど売れたのでしょうか。担当編集者であるダイヤモンド社の吉田瑞希さんのインタビューによると、書店の学習参考書売り場で見かけた親子の会話が、タイトルや表紙デザインを考えるヒントになったそうです。

それは、小学生の男の子に「この本、面白そうだから買って！」とねだられた母親が、何のためらいもなく「即買い」する様子でした。

子どもの自発的な「買ってほしい」アピールは、親の心に刺さる。そして子どもの心を動かすのは、「楽しそう」「面白そう」と直感的に思えることだと気づいた吉田さんは、とことんタイトルとデザインを追求しようと決めたといいます。

この本は、もともと著者から「19×19まで完全に暗算できる本」というタイトルが提案されていました。そこで吉田さんは、「誰が、どうなれるか」がパッとわかるように「小学生がたった1日で」という要素を入れることに。

さらに「完全に」は、子どもでも読みやすいよう「かんぺきに」と変更することを提案。表紙も100点をとった男の子がガッツポーズをしているところなど、子どもの気分が高まるイラストを入れたデザインにしました。

本を見た子どもの気分がアガり、その様子を見た親の気分もアガる。その結果が「即買い」につながるという、実に秀逸な設計です。

もうひとつ興味深いのは、書店ではこの本がビジネス書や実用書のコーナーでも展開されていることです。

実は小学生の親だけでなく、祖父母世代から80代までと購買層が広く、とくに高齢者から「脳トレになる」という声が届いているといいます。

新しいことができるようになるというのは、誰にとっても嬉しいことで、テンションもアガります。九九は多くの人が普通にできるでしょうが、2ケタの掛け算が暗算できることがこんなに嬉しいなんて、今まで考えたこともありませんでした。

面白そう、楽しそうな表紙を見て「こんなことができるんだ」と驚き、実際にやってみると「簡単にできた！」と嬉しくなる。

「簡単にできて、すごく気分がアガること」というのも、バカ売れのヒントかもしれませんね。

バーチャルツアーで気分をアゲる

コロナ禍で旅行が難しくなった2020年には、旅を疑似体験する「オンラインツアー」という新たな取り組みが生まれました。

国内初の「オンラインバスツアー」を事業化したのは、香川県琴平町に本社を置く「琴平バス」です。同社の前身は、1956年創業のタクシー会社。コロナ前は高速バスや観光貸切バスのほか、バスを使った旅行ツアー「コトバスツアー」やインバウンド（訪日外国人）向けのバス事業を展開し、香川の人気うどん店を巡る「うどんタクシー」のサービスも人気を博していました。

ところが感染拡大の影響を受け、観光バスやタクシーの需要が激減。打開策として企画されたのが、Zoomを活用した「オンラインバスツアー」だったのです。

「コトバス オンラインツアー」は90分間で、参加者は15人限定。事前に宅配される特産品の代金を含めて、約5000円の地元密着型オンラインバスツアーです。利用者アンケートによると、最大の満足要因が「現地ガイドとの交流」とのこと。参加者とのインタラクティブなコミュニケーションが特徴のサービスです。

このアイデアが琴平バスの社内の企画会議に出されたのは2020年4月27日。「全国初」と打ち出すために、約2週間で事業化したというのですから、そのスピード感には驚かされます。

当時は感染対策で「オンライン○○」の提案が増えていましたが、ほとんどは無料やワンコインに近いようなサービスばかりでした。ビジネスとして持続可能なものにするためには、しっかりと参加費をいただくべきだ——そう考えた琴平バスは、リアルなバスツアーの雰囲気をどう再現するか、検討を重ねたといいます。

「コトバス　オンラインツアー」は、ただ当日参加するだけのツアーではありません。参加を申し込むと、事前に「旅のしおり」と紙でできたシートベルト、現地の特産品が冷蔵の宅急便で届きます。ツアー中に、現地の人や他の参加者と会話しながら特産品を食べる時間が挟まれているので、まさにツアー旅行に参加しているような気分で地元グルメが味わえるのです。

時にはガイド役と一緒にクイズをしたり、歌を口ずさんだり。映像は車窓からの眺めと同じ見え方になるようこだわって撮影されていて、没入感たっぷりに楽しめるよう設計されています。

こうした創意工夫と、観光業界の閉塞感を打ち破るチャレンジ精神が評価され、「コトバス　オンラインバスツアー」は２０２２年の「第４回日本サービス大賞」で地方創生大臣賞を受賞しました。

コロナ禍で長い「巣ごもり」を余儀なくされた消費者にとって、画面上とはいえ観光地を見て回り、現地の人と会話もできるバーチャルツアーは、気分の高まりとともにコロナ禍のストレスを癒やすような効果もあったのではないかと思います。

これまでは四国に行かなければ体験できなかった地元密着型のバスツアーが、世界のどこからでも参加できるワールドワイドなイベントになった。

そう考えると、これはすごい発見です。

1章では、さまざまな「アガる」事例を見てきました。気をつけていただきたいのは、初回で「アガった」お客さんが、2度目・3度目でも「アガってくれる」とは限らないということ。現状維持では、ずっと「アガる」のは難しい。

商品やサービスを提供する側は、常にアップデートし続ける意識と姿勢を持つ必要があるということです。

1章まとめ

- 人は気分がアガる場所、商品、サービスには「理性的価値（コスパ）」を度外視して高くても利用したくなる。
- 丸の内のシェアラウンジや高級ホテルのアフタヌーンティーはその典型。
- 「リップモンスター」はコロナ禍でマスクが必須だった女性たちの気持ちをアゲた。
- これまで女性の気分をアゲていたものが、今後は男性の気分もアゲるようになる。
- 食品では泡・過剰感・ひと手間などシズルになるものを探すと、食べたくなる商品が生まれる。
- 店頭でお客さんのテンションが高まると売れやすくなる。
- オンラインやバーチャルであっても気持ちがアガる仕掛けが重要。

2章

イチゴを1粒1000円で売る方法を考えなさい

贈答用に変えれば売値は変わる

キーワード

プレゼント

１粒１０００円のイチゴが誕生した訳

想像してみてください。もし、スーパーで１粒１０００円のイチゴが売られていたとしたら、あなたは買いますか？

多くの人は、高すぎると躊躇するでしょう。

しかしそんな１粒１０００円のイチゴを売って、ヒットさせている会社があります。

それが「ミガキイチゴ」を販売する宮城県山元町にある農業生涯法人 株式会社ＧＲＡです。

創業者の岩佐大輝さんは１９７７年に山元町で生まれ、大学在学中にＩＴベンチャーを起業し、現在は日本およびインドなどで複数の法人のトップを務めています。

起業して10年近く経った頃、東日本大震災が起こりました。故郷である山元町も津波で甚大な被害を受けます。岩佐さんは地元に戻り、がれき撤去のボランティアをしました。「何とか故郷を復興させたい」と考えたときに、岩佐さんの頭には、町の特産品だったイチゴのことが思い浮んだのです。

山元町は宮城県内有数のイチゴの名産地でしたが、津波でハウスの95％以上が流失する

ミガキイチゴ・プラチナ 6粒

出典：農業生産法人 株式会社GRA

という大打撃を受けていたのです。多くのイチゴ農家も廃業の危機に直面していました。「自分の得意分野であるＩＴを生かして、ビジネスとして新しい農業を確立することができたら、イチゴ産業の復興にもなるし、地元の雇用創出にも繋がるのではないか？」と考えた岩佐さんは、農業生産法人 株式会社ＧＲＡを設立しました。震災からわずか４カ月後の２０１１年７月のことでした。

岩佐さん自身はまったく農業経験がありませんでしたが、匠（たくみ）の技をもつ地元のベテラン農家と協力しながらイチゴ栽培のＩＴ化に取り組みます（このような農業の形態を「スマート農業」と呼びます）。

こうして温度や湿度の管理など、これまで勘や経験に頼っていたものを数値化して、誰もが高品質なイチゴを栽培できるようにしたのです。

ただし、いくら高品質のイチゴを育てても、そのまま売るだけでは利益が上がりません。スマート農業には、さまざまな初期投資や固定費が必要となってきます。それを回収するためには価格を上げることが不可欠なのです。

しかしイチゴは品種によっておおよその相場が決まっています。GRAで育てているのも「とちおとめ」「よつぼし」「ハナミガキ」といった既存の品種です。栽培したイチゴのポテンシャルを上げるには、「品種」以外の要素でブランディングをして高価格で販売する必要があります。

そこで熟度、色、形、糖度、大きさなどの基準を満たしたイチゴを厳選し、ダイヤモンドの原石を磨き上げる作業に例えて「ミガキイチゴ」と命名することにしました。さらにレギュラー、シルバー、ゴールド、プラチナと4段階のグレードに分けて販売したのです。「プラチナ」に選ばれるのは、約500粒のうち1粒程度。

希少性は十分です。

だからといって、それだけで買ってくれるでしょうか？

そこで考えたのが、商品コンセプトを「自分で食べるもの」から「人に贈るもの（プレゼント用・贈答用）」にすることでした。

「おしゃれ」「美しい」という感情的価値を重視

「高売れキーワード」の2つ目は「プレゼント」です。似た内容の商品であっても、「プレゼント用」「贈答用」にすることによって、買う人の判断基準は大きく変わってきます。

自分のために買う時は、味や価格という「理性的価値（コスパ）」が優先されます。

しかし誰かにプレゼントするために買うときには、パッケージのおしゃれさや商品を開いたときの美しさなどといった「感情的価値」が優先されるようになるのです。

この本を読んでいるあなたも、きっと覚えがあるでしょう。

自分用の食べ物だと「おいしくて安い」が最優先だけど、改まった贈答用には「おいしさ」もさることながら、「見た目のおしゃれさや美しさ」が優先され、「それなりの値段」であることも重視されるということを。

実際、ミガキイチゴは、1粒ずつ丁寧に緩衝材に包まれ、宝石のロゴマークをあしらった化粧箱に収められています。売り場も、普通のイチゴとの差別化を図るためにスーパーなどではなく、東京都内の高級デパートに狙いを定めました。

このように「贈答用」に絞ったマーケティング戦略で、高価格を実現することができたのです。最上級の「ミガキイチゴ・プラチナ」のお値段は、なんと1粒1000円。まさに「食べる宝石」ですね。

2013年度には、農作物の付加価値を高めることに取り組んだ点などが評価され、グッドデザイン賞を受賞しました。

「ミガキイチゴ」は確かに高価ですが、完全に〝真っ赤〟になるまで待って収穫したデリケートな完熟イチゴ、しかも形の揃ったものが立派な箱にきれいに並べられた様子を見ると、贈られた人は思わず笑顔になるでしょう。

複数品種のイチゴを「ミガキイチゴ」という地域ブランドとしたことも、独自化に大きな役割を果たしています。

それに加えて、震災被災地での生産活動という情緒に訴えかけるストーリーも、「ミガキイチゴ」を「高くてもバカ売れ」するブランドに育てた要因のひとつであることは間違いありません。

つまり「ミガキイチゴ」は、消費者の理性ではなく感情を動かす「贈答用イチゴ」としてのストーリーを生み出すことで、1粒1000円という驚きの価格づけを成功させたのです。

1粒の「あめ」を4000円で売る方法

「ミガキイチゴ」は、贈答用にすることによって、1粒1000円という高価格でのイチゴの販売を可能にしました。

では、この手法を他のジャンルで実現している商品例を見ていきましょう。

たとえば、お菓子も「自分用」と「贈答用」では、売り方や価格が大きく変わる商品と言えます。

一般的には安価な商品の代表ともいえる「あめ」を、1粒4000円ほどで売って話題になっている店があります。それが1818（文政元）年創業の「榮太樓總本舗」が20

０７年に立ち上げた飴(あめ)専門ブランド。「あめやえいたろう」です。

そのコンセプトは「美しく楽しく新しく あめを超えて」。

２００年続く和菓子屋の伝統的な製法を駆使しつつ、あめの可能性を広げていくことを目指しているといいます。


商品サイトを見ると、確かに「美しく楽しく新しい」あめが並んでいます。

みつ状のあめをチューブに入れ、リップグロスに見立てた「みつあめ スイートリップ」、天女の衣のような軽い板あめ「羽一衣(はねひとえ)」、A～Z、絵文字、全部で34種類のあめを組み合わせてメッセージを相手に贈れる「ア・メッセージ」などいずれもギフトとして人気です。

中でも「宝石あめ スイートジュエル」は、クリスマスやホワイトデーといった特別な時期にだけ販売される期間限定の商品です。

透明度の高い大粒のあめに、スミソニアン博物館が所蔵するブルーダイヤモンド「ホープダイヤモンド」や、ビクトリア女王が所有した世界最大級のダイヤモンド「コ・イ・ヌール」といった実在の宝石と同じカットを施し、それぞれの色彩や輝きを再現しているのが特徴です。

「コ・イ・ヌール」をモチーフにしたあめは「女王の輝き」、「パシャオブエジプト」は「太陽の花」、「ホープダイヤモンド」は「幸運のお護り」など、ネーミングに工夫が凝らされていることも魅力のひとつ。

このようにストーリーが感じられると、価値が高まります。

「ミガキイチゴ」もそうですが、物語性を感じさせることは、贈答品としてとても大切な資質です。

贈る相手との会話のきっかけになり、自分への印象を高め、お互いのコミュニケーションをより一層深めることができるからです。

宝石箱のようなデザインのボックスに一つひとつ収められた「スイートジュエル」は、ホワイトデーなどのギフトイベントとの相乗効果もあり、まさに「大切な人に贈りたくなる」商品設計と言えます。

そこまですることで、あめ1粒4000円の価格を実現しているのです。

チープなイメージの線香花火を贈答品にする

「線香花火」にあなたはどんなイメージを持っていますか？

迫力ある打ち上げ花火を観るのもいいですが、家族や仲間と手持ち花火で遊んだ思い出がある方も多いのではないでしょうか？　中でも線香花火は、派手さはないけど儚い美しさがあって、手持ち花火の締めにふさわしい一品です。

とはいえ価格は数ある手持ち花火の中でも、とても安いイメージが一般的です。コンビニなどで花火セットを買ったら入っていたという感じで、わざわざ線香花火を買う人は少ないでしょう。ましてやプレゼントとして誰かに贈るという発想はなかなか出てきませんよね？

しかしそんな線香花火を1箱1万円という価格で贈答品にしてヒットさせた会社があります。

それが、福岡県みやま市高田町にある筒井時正玩具花火製造所です。

代表の筒井良太さんは3代目。高校卒業後、しばらく別の仕事をした後に家業を継ぎました。親戚が営んでいた親工場から線香花火の作り方を受け継ぎますが、初めの10年間はまったく売れませんでした。

江戸時代に開発された伝統ある線香花火。しかし安価な輸入品に押されて国産品はわずか数%というのが現状なのです。

そこで筒井さんは、自社の線香花火を海外の量産品と差別化するために、質も見た目も「これぞ国産品」と言われるクオリティを追求することにしました。

花火の質としては、火の玉が大きく、パチパチと散る火花の様子が美しく、途中で火の玉が落ちずに〝長くもつ〟ことが重要です。宮崎産の松煙や福岡県八女(やめ)市の手すき和紙を使い、火薬の量や首の縒(よ)り方などにも細心の注意を払いました。

高級線香花火の「花々」

出典：筒井時正玩具花火製作所株式会社

1箱1万円の高級花火として話題になった「花々（はなはな）」は、40本の線香花火が桐箱(きりばこ)に収められていて贈答品としてぴったりです。線香花火は持ち手部分を花びらのように仕上げて、それを束ねることで「花束」を表現しました。

さらに桐箱には、和蝋燭と山桜でつくったロウソク立てまで入っています。その佇まいがまた、なんとも優雅です。

この花火が「バカ売れ」した理由のひとつとして、「水溜りボンド」などの人気YouTuberらによる「検証動画」にうってつけの製品だったことが挙げられます。

YouTuberが高額商品を購入したり、使用したりする様子を見せる「検証動画」は、YouTubeで再生回数が伸びやすい人気のテーマです。

一般的な価格よりも高いほど話題性が高く、SNSでも拡散されやすくなります。

2022年10月に公開された「水溜りボンド」の「【1万円】世界一高い線香花火の火が長持ちすぎたww（水溜りボンド）」というショート動画の再生回数は、約1年で289万回に達しています（2023年11月時点）。

コメント欄には「質がよくて上品でお洒落でエモい」「上質な線香花火の儚さ、すごく好き！」といった言葉が並び、「花々」の情緒的な魅力が視聴者の感情を動かしていることがわかります。

筒井時正玩具花火製造所は、日本の風物詩である花火を「人に贈る」という新たな文化を提唱することで、「1箱1万円」という売値を成立させました。

また、儚さ、美しさ、懐かしさなど、エモーショナルな感情を呼び起こす商品パッケージや商品コンセプトによって、線香花火の魅力を伝え切っています。

このように、一般的にはプレゼントには向かないと思われている商品であっても、工夫次第では贈答品として高価格で売ることが可能になるのです。

ぜひ自社の商品でチャレンジできないか考えてみてください。

1000円の超高級品をプチギフトに

「プレゼント用」「贈答用」というと、数千円から1万円程度の値付けをすることが一般的です。

しかし、もともとが安価な商品である場合、1000円程度の価格であっても高級品です。それでもちょっとしたギフトとして喜ばれる商品にすることができます。

ここ数年、密（ひそ）かにヒットしているのが高級ティッシュというジャンルです。

クリネックス ティシュー 至高「極」

出典：日本製紙クレシア株式会社

各社から出ていますが、クリネックス（日本製紙クレシア）から販売されている至高シリーズ「極（きわみ）」はその代表格です。

一般的なティッシュペーパーが1箱あたりにすると100〜200円前後なのに対し、「極」は1箱1000円という超高級品です。

原材料は針葉樹パルプと広葉樹パルプを黄金比率で配合、極めて薄く仕上げた紙を4枚重ねにして、独自の特殊加工を施し、ふっくら・やわらかな肌ざわりを実現した商品になっています。

パッケージは「金襴／KINRAN」と「黒硯／KUROSUZURI」の2種類。いずれも、金箔押しのオリジナルロゴ「極」を用い、「金襴」は金色をベースカラーに大小の紋様を組み合わせたデザイン。「黒硯」は黒色をベースカラーに細かい伝統紋様をモチーフに配列したデザインです。

どちらも高級感あふれるラグジュアリーなパッケージになっています。

このような高級ティッシュは、引っ越しの時の挨拶品、パーティーの引き出物、花粉症の友人へのプレゼントなどのギフト需要が多いのです。

自分ではなかなか買えないけど、もらうと嬉しい品になっているということでしょう。

このあたりにも、「高くても売れる」ヒントがありますね。

「体験すること」を付加価値に価格を上げる方法

今まで紹介した事例は、商品をギフト用に高級化することで「高くても売れる」という方法でした。この項では少し違う角度の商品を紹介します。

「SOW EXPERIENCE（ソウ・エクスペリエンス）」という「体験型ギフト」を紹介する会社があります。「モノではなく体験を贈る」という発想のもと、カタログにはエステや温泉のようなリラックス体験から、ロッククライミングやハンググライダーのようなアドベンチャー、ファッションコーディネート、遺伝子検査、農業体験など、あらゆる体験がさまざまな価格帯で掲載されています。

この「SOW EXPERIENCE」のギフト、実は私もいただいたことがあります。オンラインストアには何百種類もの体験プランが掲載されていて、迷った末に「パイロット操縦体験」を選びました。

私がこの体験を選んだポイントは、〝絶対に自分でお金を出して行きそうもないもの〟。パイロットの帽子を被って（オプションを追加するとユニフォーム着用もあり）「ボーイング777-300ER」のフライトシミュレーターに乗り、世界の主要空港から好きな飛行ルートなどを選んでフライトします。インストラクターとして同席してくれるのは、飛行経験の豊富な本物のパイロットです。

「SOW EXPERIENCE」のような商品は、自分用にはなかなか買う気になりませんが、人からもらうとちょっと嬉しいですよね。価格帯は3000円程度から5万円を超えるものまでと幅広く、開催地も北海道から沖縄までカバーしています。

形に残らないギフトとしては、かなり強い印象を与えることができるのではないでしょうか。

そして、この発想はあなたの会社の商品に応用できるかもしれません。扱う「商品」に「体験」をプラスすることで、より高い価格の商品を開発するということです。

書店を例にすれば、「書店員体験」と「本」をセットにして「新たな商品」として売り出すというような発想です。

お客さんは、段ボールから本を取り出し、棚に並べ、ＰＯＰを書くというような書店員体験をしたあと、配られた「図書カード3000円分」で店内の本を買う。最後に参加者同士がなぜその本を買ったのかをシェアして終了。

たとえばこの「書店員体験＋本3000円分買い放題」のチケットを6000円で売り出すというイメージです。月に何度か実施して最低人数が集まったら決行みたいなことにしても構いません。自分用にもギフト用にも使えるチケットになります。

あなたの会社やお店でも、「体験＋商品」で「高くても売れる新商品」を開発してみませんか？

2章まとめ

- 商品を「プレゼント用」にすることによって、買う人の判断基準は大きく変わる。
- 「自分用」は、価格や味という「理性的価値」が優先。
- 「プレゼント用」は相手に喜んでほしいという「感情的価値」が優先。
- 「プレゼント用」は、価格の安さよりむしろ「それなりの値段」であることも重視されるので、高価格帯で売りやすい。
- 買い手に「感情的価値」を感じてもらうには、パッケージの高級感や商品を開けた時のワクワク感を設計することは不可欠。
- 普通に考えるとプレゼントやギフト用には不向きな商品であっても、買い手の「感情的価値」を揺さぶれば贈答用の高価格商品をつくることは可能。
- 通常は安価な商品の場合は、特別にこだわったその分野での高級品を開発することで1000円程度のプチギフト用商品に。
- 「体験＋商品」で「高くても売れる新商品」を。

3章

なぜ、私たちはYakult1000が欲しくなるのか？

カラダをいたわるためなら いくら出してもいい

キーワード

自分メンテナンス

自分メンテナンスしてますか？

あなたは自分のカラダとココロをいたわっていますか？

ストレスフルな世の中で、老若男女問わず、誰もが何かで疲れています。

人間にもメンテナンスが必要になってきました。

メンテナンスとは、「維持」「持続」「保守」「保全」などの意味をもつ英語です。一般的には機械・建物・システムなどの設備で使われることが多いですが、「人間」にも使うようになりました。

最近は自分メンテナンスのためなら、多少高くてもお金は出すという人が増えています。コロナ禍でその傾向に拍車がかかりました。

あなたの会社の商品も、「お客さんのカラダとココロをいたわる」という視点で開発・訴求・販売すると「高くても売れる」という可能性があるということです。

とくにステイホーム期間には、健康の基盤となる「睡眠」を改善したいというニーズが高まり、さまざまなヒット商品が生まれました。

まずは、その代表と言えるくらいの大ヒットを記録した「Yakult1000」から見ていきましょう。

親しみやすいヤクルトから先進的な大人向けのYakultへ

「Yakult1000」とは、〝ヤクルト史上最高密度〟という1本（100ml）あたり1000億個の乳酸菌シロタ株を含み、腸内環境の改善に加えて「ストレス緩和」「睡眠の質向上」の機能が報告されている機能性表示食品です。

「Yakult1000」と「Y1000」

出典：株式会社ヤクルト本社

近年の研究で「腸と脳との関係」がホットトピックとなっていることに着目。「腸内の健康を保つことがストレス改善につながるのではないか」という観点から、新商品のコンセプトを組み立てました。

さらに研究の結果、乳酸菌シロタ株の密度が上がると、睡眠の質の改善につながることが判明しました。

そこで、主力商品である「Newヤクルト」（1本65mlに200億個）や「ヤクルト400」（1本80mlに400億個）よりも密度の高い、100mlに1000億個の乳酸菌シロタ株を入れることにしたのです。

さらに、これまでのヤクルトとは異なる「Yakult1000」の価値を伝えるために、既存のものとはまったく違う商品開発を実施しました。

それは以下のようなものです。

・メインターゲットを、日々のストレスや睡眠で悩む人が多い30〜50代のビジネスパーソンとする。
・彼らに刺さる「先進的、機能的、科学的、大人向け」を表現するために、「ネーミング表記」や「パッケージデザイン」を変える。
・商品名はこれまでのカタカナ表記から「Yakult」とアルファベット表記へ。デザインも、従来品と差別化するためにメタリックで光沢感のある赤色を採用。

・味わいも従来品より甘さを控えめにして、よりすっきりした味に。一方で、飲み応えを出すために１００mlと量を増やす。
・最新技術を結集して作ったことから、１本48円（税別）の「Newヤクルト」の約3倍である１本１３０円（税別）という高価格に値付け。

ヤクルトレディによる地道な販売で徐々に浸透

とはいえ、当時は睡眠にアプローチする飲料の市場はまだ小さく、「腸と脳との関係」が消費者に理解されるかどうかが不透明でした。

社内での検討の結果、「この価値を正しく理解してもらないと売れない」とし、「まずは限られた地域の宅配で、ヤクルトレディによる丁寧な説明が不可欠」という販売方針が固まりました。

こうして「Yakult1000」は２０１９年10月、メインターゲットとして想定する30～50代のビジネスパーソンが多い関東1都6県限定で、ヤクルトレディによる宅配専用商品として販売されたのです（加えて百貨店や高級スーパーの一部店舗でも限定販売しました）。

ヤクルトレディは1963年からあるヤクルト独自の宅配販売員制度。個人事業主である宅配員（現在はパート制度もあります）がお客さんの自宅やオフィスに出向き、直接話をしながら新商品の説明をしたり、商品を届けたりするのが特徴です。

最初に実行したのは、ヤクルトレディやその家族たちに「Yakult1000」を飲んでもらうことでした。

自身や家族で飲用して効果があると思えれば、販売時に説得力が生まれます。情報過多の現在だからこそ、なじみの人が顔を見て説明する効果は大きいと考えたのです。それは見事に当たりました。

こうしたヤクルトレディの地道な営業や、コロナ禍のストレスフルな状況が追い風となり、売上が増加していきます。

テレビCMでは各界のプロフェッショナルに登場してもらい、仕事で大切にしていることや信念を語ってもらうことで、これまでとは違う「先進的、機能的、科学的、大人向け」が浸透するようにしました。

SNSにも「ぐっすり眠れた」「すっきり目覚められた」といった口コミが多く投稿さ

れるようになりました。２０２１年4月から宅配の全国展開をスタートすると、公式サイトで「Yakult1000」の新規受付を一時中止せざるを得ないほど注文が殺到します。

同年10月からは、販売チャネルをスーパーやコンビニに広げ、容量と価格を店頭用に変えた「Ｙ１０００」（１５０円、税別）を販売。入手しやすくなったことでさらにファンが広がりました。

さらに２０２２年4月には、マツコ・デラックスさんがテレビ番組で「眠りがよくなった」「念のため2本飲んでいる」と発言したことから人気が爆発。

スーパーやコンビニでは品薄・品切れが続き、入手困難な状況が社会現象にもなったのです。

乳酸菌で免疫ケアして自己防衛

「Yakult1000」が「睡眠の質の改善」を掲げて大ヒットしたのに対して、同じ乳酸菌飲料のジャンルで「免疫ケア」を訴求して大ヒットした商品があります。

それが２０２３年3月に発売されたキリンビバレッジの「おいしい免疫ケア」です。

免疫ケアに役立つプラズマ乳酸菌に加え、睡眠の質の向上に役立つGABAを配合。1本で2つの機能を持った機能性表示食品です。

プラズマ乳酸菌は、免疫の司令塔である「pDC（プラズマサイトイド樹状細胞）」を直接活性化することが世界で初めて報告された乳酸菌で、継続して飲むことで健康な人が体の免疫機能を維持しやすくなるというのが特徴です。2020年8月、免疫に関する機能性表示食品として、消費者庁に初めて受理されました。

実は「おいしい免疫ケア」は、2022年3月から発売されていた「キリン iMUSE 朝の免疫ケア」をリニューアルした商品です。

500mlが主流だった容量を100mlで飲みやすい量にし、パッケージデザインを赤からさわやかな青を基調としたものに変えました。

ヨーグルトテイストのすっきりとした味わいと、プラズマ乳酸菌による免疫ケアの機能性を訴求する形で商品名をシンプルに変更したものです。

コロナ禍で「免疫」の重要性が見直されたことに加え、2023年3月に新型コロナウイルスが5類感染症となりマスクの着用が個人判断となったことで、「自分の健康は自分で守っていきたい」というニーズが高まりました。

ヨーグルトテイストで飲みやすく毎日続けやすいという「おいしい免疫ケア」の商品特徴はそんな消費者の心をがっちり摑(つか)んだのです。

その結果、「おいしい免疫ケア」は大ヒット。「日経トレンディ2023年上半期ヒット飲料」として大賞を獲得しました。

さらにキリンビバレッジは、プラズマ乳酸菌を他の自社商品や他社に提供することで新たな売上を狙っています。

たとえば、自社の「キリン生茶」という主力緑茶飲料にプラズマ乳酸菌を配合した「キリン 生茶 免疫ケア」を販売しています。

定番品よりは少し高いのですが、自分メンテナンスに繋がるのであれば、多少高くても買いたいという消費者は一定数いるのです。

頑張る時ではなく寝る前に飲む栄養ドリンク

栄養ドリンクというと、いつ飲むイメージでしょうか？

一般的には、朝から夕方にかけて、これから頑張らなければならない時に飲むイメージです。

そんな常識を覆す栄養ドリンクが、２０２２年に大ヒットしました。

それが２０２１年９月にアリナミン製薬から販売された栄養ドリンク「アリナミンナイトリカバー」です。

コンセプトは「寝る前に飲んで疲労回復」。

寝る前に飲むと、抗疲労成分フルスルチアミンや、アミノ酸のタウリンなどの有効成分が身体に浸透し、疲労を回復します。眠りを妨げないようにノンカフェインで、さらに睡眠に関与するアミノ酸のグリシンを配合。栄養不良による睡眠の質（眠りの浅さや目覚めの悪さ）を改善するといいます。

アリナミンは１９５４年、武田薬品から発売されたブランドです。１９９０年代には栄養ドリンク「アリナミンＶ」で、アーノルド・シュワルツェネッガーが「ダイジョーＶ」

というCMで話題になりました。その後、子会社化されブランドが引き継がれるなどの経緯を経て、2021年武田薬品工業株式会社との資本関係を解消し、アリナミン製薬株式会社へ社名変更され現在に至ります。

「ナイトリカバー」の開発は2019年に始まりました。

翌年、新型コロナウイルスの影響で、テレワークが普及し勤務形態も多様化しました。通勤時間は減ったものの、体を動かさなくなったことで疲労は蓄積。「体調不良で睡眠が浅くなった」という訴える人が増加したのです。

「夜、良い睡眠をとって〝朝までに疲れを回復させたい〟というニーズが増えているのではないか？」という考えから、通常より1年ほど開発期間を縮め、2021年9月に発売にこぎつけました。

「ナイトリカバー」というネーミングは、直感的に使用シーンがすぐに浮かぶものという理由で決めたといいます。

今までの栄養ドリンクはほとんどが茶色の瓶でしたが、ナイトリカバーはパッケージに落ち着いた濃紺を採用。落ち着いたブルーを基調とした16面カット瓶というデザインは、女性も手に取りやすいスタイリッシュなものとなっています。

その狙いは見事に当たりました。

「アリナミンナイトリカバー」は発売から1年で約1250万本を売り上げ、「日経トレンディ2022年ヒット商品ベスト30」の15位にも選ばれています。

従来の栄養ドリンク剤ニーズの枠を超えて「寝る前に飲んで疲労回復」という新しいコンセプトが、「自分メンテナンスのためならお金を出す」という風潮にフィットしたのです。

寝ている間に美しくなる？

美容やヘアケアのジャンルでも、「寝ている間に◯◯する」というナイトケアの切り口からヒットが生まれています。

たとえば、日本のコスメブランド「DECORTÉ（コスメデコルテ）」が2022年9月に発売した「リポソーム アドバンスト リペアクリーム」のキャッチコピーは「睡眠不足でも、3時間多く眠ったような肌へ」です。

YOLUの「カームナイトリペアシリーズ」(手前)と「リラックスナイトリペアシリーズ」(奥)

出典：株式会社I－ne

このクリームのために開発された1兆個もの微細なナイトカプセルが、一晩中肌に美容成分を届けてくれるという高級クリームとのこと。

価格は1万1000円（税込）と高価ですが、「いつもよりたっぷり寝たような、ハリと弾力のある肌になれる」と評判を呼び、数々の女性誌で2022年下半期のベストコスメを受賞しました。

「夜間美容（ナイトケアビューティー）」というコンセプトでSNSを賑わせ、「日経トレンディ2022年ヒット商品ベスト30」で19位に選ばれたナイトケアビューティーブランド「YOLU（ヨル）」の成功も印象的です。

「YOLU」を開発したのは、「BOTANIST（ボタニスト）」や「SALONIA（サロニア）」を大ヒットさせ、ヘアケア・スキンケア・美容家電の分野で躍進中の「I-ne（アイエヌイー）」です。

2007年の創業で、社員数は約300名とまだ若い会社ですが、2023年3月にはヘアケアブランドの合計販売金額でメーカーシェア日本1位を記録（2023年9月単月国内ドラッグストア ヘアケア市場 企業別シェア1位。※ドラッグストア市場における単体企業別のシャンプー・リンスカテゴリー販売金額より〈同社調べ〉）。

その成長を後押ししたのが、2021年9月の発売から約1年でシリーズ累計販売数1000万個を突破した「YOLU」でした。

なぜ、こんなにもヒットしたのでしょうか？ 同社のプレスリリースでは、「YOLU」のヒットの裏側を次のように分析しています。

「睡眠中の髪ダメージに着目した『YOLU』は、手軽に濃密なケアを取り入れていただき、夜の間にキレイをつくることをめざしたブランドです。『夜』を切り口に、プロダクトコンセプトやネーミング、パッケージ、商品使用感の一貫性があり、新たな『夜間美容』という市場をつくり出すことに成功しました。コロナ禍のおうち美容の広がりを受け、多くの方に商品を手に取っていただくきっかけになったほか、睡眠市場の盛況やウェルビーイングなどへの意識の高まりも、YOLUが提唱する『夜間美容』が受け入れられ、ヒットに繋がったと考えています」

「YOLU」のシャンプー&トリートメントの定価は1540円（税込）と、ドラッグストアで購入できるシャンプーのなかでは高価格帯に入ります。

しかし、近年のヘアケア業界では「BOTANIST（ボタニスト）」のヒットの影響もあり、1000〜2000円未満のシャンプーの売上が伸びています。美容院に行く頻度を減らす代わりに「自宅で質の良いシャンプーを使おう」と考える人が増えているのです。

「リポソーム アドバンスト リペアクリーム」や「YOLU」が提唱する「寝ている間に美しくなる」「睡眠中のリペア」という概念は、「自分メンテナンスのためならお金を出す」という風潮にマッチしています。

また、忙しい消費者にとっては、セルフケアが時短にもつながります。手間なく、ラクしてキレイになれる。しかも雑誌やSNSでインフルエンサーが絶賛する話題のアイテムとなれば、「多少高くても買いたい」と思わせるには十分でしょう。

爆睡できるナイトウェア

衣類においても「睡眠中に疲労回復」して「自分メンテナンスする」というコンセプトの商品が異例のヒットとなっています。

その代表格が、ウェルネスD2Cブランド「TENTIAL（テンシャル）」から発売されている睡眠用のリカバリーウェア「BAKUNE（バクネ）」です。

キャッチコピーは「着て、寝て、疲労回復」。

自らの体温による遠赤外線を輻射（ふくしゃ）させる特殊機能繊維「SELFLAME®」を使用し、全身の血流を促進することで血行を改善、疲労回復を叶（かな）えるといいます。デザインもシンプルなので、パジャマとしてはもちろん部屋着として愛用する人も多いようです。

価格は上下で2万円以上と結構高額ですが、ただ着るだけで筋肉のハリ・コリを軽減し、ぐっすり眠れるという「BAKUNE」は、睡眠改善の手段としては圧倒的にお手軽です。実は私も使っていますが、確かに少しよく眠れるようになった気がします。

このように「○○するだけで自分メンテナンス」に繋がるというのは、ハードルが低いのでバカ売れにつながる重要なポイントになります。

「TENTIAL」の創業者である中西裕太郎さんは、もともとプロのサッカー選手を目指していましたが病気で叶わず、2018年「歩く・寝る・働くなどの、日常生活の健康課題解決」をテーマとするウェルネス関連事業の株式会社TENTIALを創業。翌年にはウェルネスブランド「TENTIAL」を立ち上げました。

現在はスリープウェア、リカバリーサンダル、女性用インナーウェアや高級マットレスなど、幅広いアイテムを展開して注目を浴びている会社です。

スーツなのにパジャマ？

2020年は新型コロナウイルスの影響で自宅でのリモートワークが一気に定着し、スーツの需要は大きく減少しました。

そんな逆風下の状況で、２０２０年11月に紳士服メーカー大手のAOKIから発売された商品が異例の大ヒットを記録します。

それが「パジャマスーツ」です。

コンセプトは「パジャマ以上、おしゃれ着未満」。

パジャマのリラックス感とスーツのきちんと感を兼ね備えたセットアップスタイルの提案でした。

リモートワークといえども仕事中。されど、自宅でスーツを着るのは窮屈でストレスがかかる。だったらオンライン会議ではスーツ風に見えるけど、パジャマくらいリラックスできるウェアが欲しい、という多くの消費者のニーズをとらえたのです。

コピーライター的視点で言うと、ネーミングが秀逸でした。

「パジャマ」と「スーツ」という対極の言葉を組み合わせて化学反応を生み出しつつ、そのコンセプトが明確に伝わるネーミングになっているからです。

累計販売着数は発売から1年半で15万着を突破。日本経済新聞社主催の「２０２１年日経優秀製品・サービス賞」では「日経ＭＪ賞」を受賞しています。

既存のスーツの客層が20～40代のビジネスパーソン中心だったのに対して、「パジャマスーツ」は10〜70代と幅広い年齢層が利用していることも特徴です。メンズだけでなくレディース用の商品も販売し、順調に売上を伸ばしています。

窮屈な思いをせずに仕事をするというのも、「自分メンテナンス」につながるのではないでしょうか？

インスタントでもバランスの整った栄養を！

「自分メンテナンス」というテーマでヒット商品を考える時、忘れてはならないジャンルはやはり「食品」や「飲料」でしょう。

人の健康は、食べたり飲んだりするものに大きな影響を受けるからです。

このジャンルで大ヒットを飛ばした商品として真っ先に思い浮かぶのが、日清食品の「完全メシ」です。

「栄養バランスを考えるのが、めんどくせぇヤツらに！」。こんな刺激的なキャッチコピーとともに登場してバカ売れしました。

日清食品「完全メシ」（ラインナップの一部）

出典：日清食品株式会社

２０２２年５月30日に公式オンラインストアで販売を開始すると、１カ月で累計出荷数が１００万食を突破。同年９月から全国の小売店で展開し、発売から１年でシリーズ累計１０００万食を記録しています。「日経トレンディ２０２２年ヒット商品ベスト30」の５位にも選ばれました。

見た目はインスタント食品ですが、公式サイトには「33種類の栄養素とおいしさの完全なバランスを追求し、たんぱく質、脂質、炭水化物の三大栄養素のほか、ビタミン・ミネラル・必須脂肪酸もバランスよく整え、しかもおいしく仕上げた商品です」というような内容が書かれています。

一体、なぜ「完全メシ」がここまでヒットしたのでしょうか？

こちらもまずはネーミングです。

栄養素とおいしさの完全なバランスを追求していることを表現するためにつけられたとのことですが、コンセプトがストレートにシンプルに表現されています。

もうひとつは、そのコンセプトが「普段からジャンクフードを食べることが多い『意識高くない』30〜40代男性の心に刺さった」ということです。

彼らにとって「健康を意識した食品」は、味付けが薄かったりマズく感じられたりして、食欲がそそられません。しかし、20代の頃にはジャンクフードを思いっきり食べてきた彼らも、30代になると健康や体形の変化が気になってきたりする。

そんなターゲット層の「自分メンテナンス」の意識の高まりにぴったりマッチしたのが「完全メシ」がヒットした一番の理由ではないでしょうか？

「完全メシ」のパッケージや、お笑いタレントのサンシャイン池崎さんを起用したＣＭは非常に派手で、「意識高くない」層に刺さるジャンク感が満載です。

商品のバリエーションはカップライス、即席麺、スムージー、グラノーラに加えて、かつ丼、牛丼、ボロネーゼ、テリヤキチキンピザといったようなガッツリ系の冷凍食品が充実しています。

価格はインスタント食品としてはかなり高価格です。「完全メシ カレーメシ 欧風カレー」は429円（税込）。5種類をセレクトできる「冷凍完全メシ」のセットは4305円（税込）です。

それでも「意識高くない」層にとっては、慣れ親しんだメニューで栄養バランスが整っていて、しかも自炊よりはるかに簡単でおいしいわけですから、メリットは十分にあると言えます。

高くてもバカ売れするわけです。

「白湯」という言葉をパッケージに入れてヒット

「健康に意識高くない」層の「自分メンテナンス意識」に刺さってヒットしたのが「完全メシ」であれば、「意識高い」層に刺さってヒットした商品もあります。

それが、アサヒ飲料から2022年11月に発売された「アサヒ おいしい水 天然水 白湯（さゆ）」です。

そもそも白湯とは、水を一度沸騰させたあと、飲みやすい50℃くらいに冷ましたお湯のことです。とくに朝、起きぬけに飲むと胃腸全体が温まり、血行促進や消化・便通に良いという話を聞いたことがある人も多いと思います。

ペットボトルの白湯を売るという「天然水 白湯」のアイデアを初めて聞いたとき、目の付け所がすごいと感じました。

出勤前の忙しい朝は、お湯を沸かして白湯を作る時間すらないこともよくあります。そんなときにコンビニのホット飲料コーナーで「白湯」を売っていたら、白湯を習慣化している人はもちろん、なんとなく白湯の健康効果が気になっていたという人も、買ってみたくなるだろうと思ったからです。

しかし調べてみると、実はアサヒ飲料が白湯を開発したのは今回が初めてではありませんでした。2014年に「アサヒ 富士山のバナジウム天然水 ホット」という商品を発売していたのです。

アサヒ おいしい水 天然水 白湯

出典：アサヒ飲料株式会社

当時は「白湯」とは打ち出さず、「ホットの天然水」という位置づけだったそうです。残念ながらこの商品は、薬を常飲している層や、冷たい水を飲まないといった層にしか響かず、売上が伸びなかったため定番商品にはなりませんでした。

ところがここ数年の「自分メンテナンス意識」の高まりから、「白湯」という言葉の認知度は大きく変わります。アサヒ飲料のプレスリリースによると、2009年には白湯を飲んだことがあるという人は11・8％ほどだったのが、2022年には61・0％と、約5倍になっていたとのこと。

しかも女性だけではありません。男性の飲用経験率も54・4％と半数以上に伸びています。そのことから、男女の区別なく幅広いターゲット層に向けて訴求できると考え、今回の開発に踏み切ったといいます。

ボトルのデザインも、「富士山のバナジウム天然水 ホット」と「天然水 白湯」では大きな違いがあります。

それは、前回は商品名に入れていなかった「白湯」というキーワードを、前面に打ち出したパッケージにしたことです。

こうしたアサヒ飲料の狙いが当たり、2023年4月末までの累計販売本数は当初の販売計画の約3倍を記録するヒットに。

「ずっと発売してほしいと思っていた」「ノンカフェインで助かる」「シンプルにおいしい」「夏場でも販売してほしい」などの口コミも数多く寄せられたといいます。

2023年9月には、中身が冷めにくい不織布素材の保温ラベルを採用した形にリニューアル。温かさが長持ちするようになりました。

はやい、うまい、カラダにいい冷凍牛丼

冷凍食品といえば、一昔前は「手軽」ということが一番の価値でしたが、最近は「おいしい」ということでも支持されるようになってきました。

「自分メンテナンス」というキーワードから考えると、今後はそれに加えて「カラダにいい」ということがポイントになってくることが予想されます。

それを予感させるヒット商品が2022年に生まれました。

ずばり、吉野家の牛丼の具「トク牛サラシアプレミアム」という冷凍食品です。

２０２２年7月に発売されて1年あまりで累計販売数が10万食を売り上げるヒット商品になっています。

外食チェーン初のトクホ（特定保健用食品）で、食後の血糖値の上昇を緩やかにする「サラシノール」という成分が配合されていることが最大の特徴です。

その分、価格は普通の冷凍牛丼よりもかなり割高ですが、それにもかかわらず異例の売れ行きを見せています。

購買者の半数以上が、血糖値を気にする50代以上の中高年層。健康によいと訴える食品は一般的に味がイマイチなものが多い中、トク牛は「おいしい」ということでも評判となっています。

冷凍食品ということで、手軽に作れることに加えて、味もうまい、さらに体にもいい、つまり「はやい、うまい、カラダにいい」という「自分メンテナンス」という観点からいうと、とても優れた商品なのです。

虫歯予防はガムからグミへ

ここ数年、ガムが売れなくなったというニュースをよく耳にします。

確かに私自身も最近ガムをほとんど買っていません。実際、ガムの市場は２００４年をピークに右肩下がりを続けています。若い世代ではそれが顕著です。

「若者の顎が弱くなった」「暇つぶし需要がスマホでなくなった」「タバコを吸う人が少なくなった」「口臭予防用のタブレットが普及した」「マスクをしながら食べにくい」「街中にゴミ箱が減り、捨てる場所がない」など、その原因は色々と考察されています。

コロナ禍でその傾向にさらに拍車がかかり、ガム事業から撤退したり縮小したりしている菓子メーカーも増えています。

２０２３年3月には明治の「キシリッシュ（XYLISH）」が販売を終了するという衝撃的なニュースが飛び込んできました。

１９９７年に誕生した「キシリッシュ」は、虫歯予防に効果があるとされるキシリトールを日本で初めて配合したガムで、２００７年頃までは一世を風靡したパワーブランドでした。

しかし、そんな「キシリッシュ」も２０２１年度の売上は約30億円と、２００７年度からなんと9割減になっていたのです。

さらにガムの代わりに、その味わいを引き継いだグミ「キシリッシュグミ クリスタルミント」が4月に発売されるというニュースを聞くと、時代の流れを感じずにはいられません。

そう、ガムの代わりに台頭したと言われるのがグミです。

2021年の市場規模はガムの593億円に対し、グミは635億円と、グミが初めてガムを上回りました。

実際「キシリッシュグミ クリスタルミント」の発売を知らせるプレスリリースには、「キシリッシュブランドが市場成長中のグミへ転生！」というキャッチコピーが書かれています。

もともとガムは、眠気覚ましやリフレッシュといった「自分メンテナンス」の要素が消費者に求められていた商品です。しかし、その機能はグミで代用できますし、グミならばガムのゴミ処理などの煩わしさもありません。

実際、転生後1カ月のデータなどによると、その転生は順調なようです。

「キシリッシュ」のように、時には大きく方向転換してでも新しいトレンドを追求することが、パワーブランドを維持するためのベストな選択となることもある、ということかもしれません。

シャワーで自分のカラダをメンテナンス

バスタイムも「自分メンテナンス」の重要な時間で、ヒット商品が生まれています。サイエンスが2018年に販売スタートした「ミラブル」シリーズは、シャワーヘッドとしては5万円弱と高額ですが、爆発的なヒットを記録しました。

女性の頬に黒々とつけられた油性ペンのインクが、シャワーの水流でみるみる消えるテレビCMをみなさんも見たことがあるのではないでしょうか？　実際、この映像が話題となり人気に火がつきました。

「ファインバブルシャワーヘッド」が「日経トレンディ2021年ヒット商品ベスト30」で15位に選ばれるなど、新しい市場を作り出しました。

サイエンスの会長である青山恭明（やすあき）さんは、もともと家の大もとで水道水を浄活水化させ

ウルトラファインバブル生成シャワーヘッド「ミラブル zero」

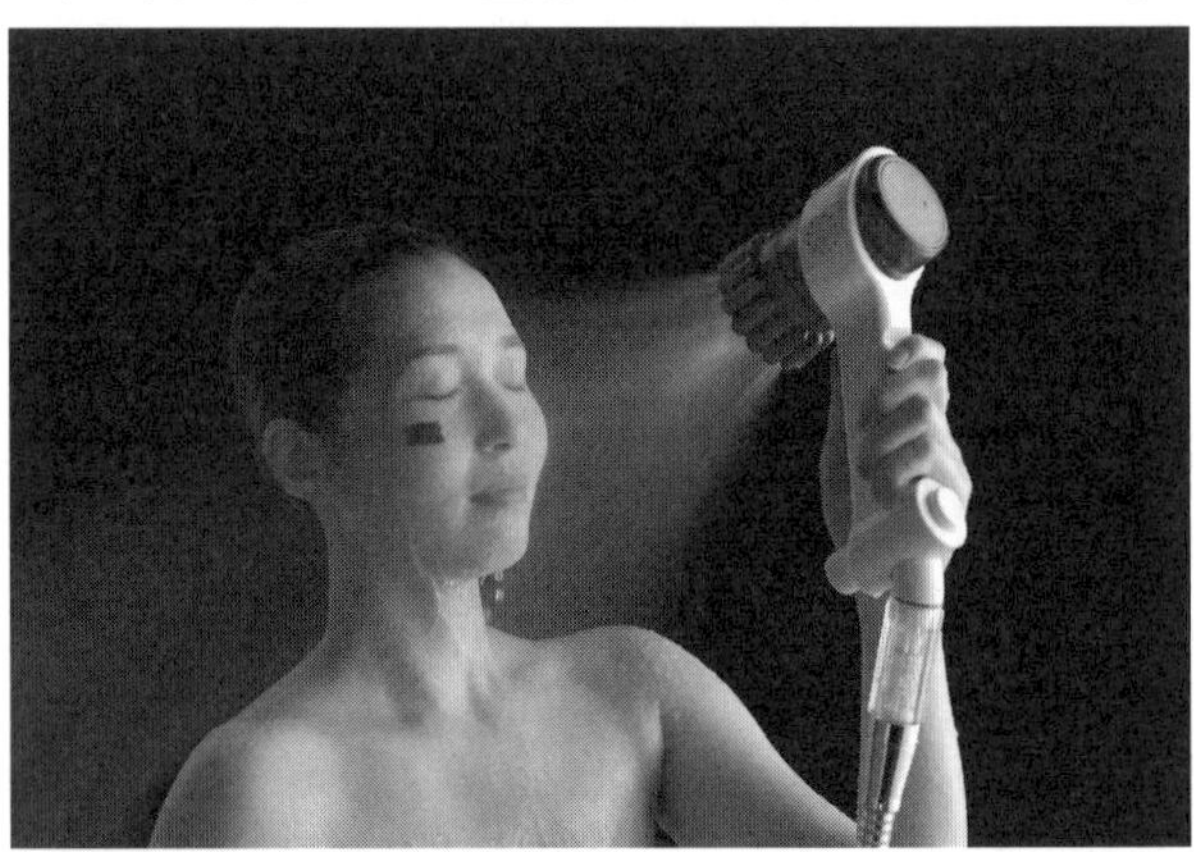

出典：株式会社サイエンス

る「サイエンスウォーターシステム」を開発・製造・販売をしていました。その後、マイクロバブルを大量に浴槽に投入することで、身体をこすらずにキレイにする入浴装置「マイクロバブルトルネード（現：ミラバス）」を開発。

その後に青山さんが手がけたのが、シャワーヘッド「ミラブル」です。

ご愛顧の方より、首から下はマイクロバブルトルネードでキレイになるが、首から上（顔と髪）もキレイにしたいとの声を受け、シャワーに適したウルトラファインバブルを特殊な手法で吐水し、汚れを落としていく「ミラブル」を手がけました。

ミラブルが一気に有名になったため、その後にミラバスが出たと思われがちですが、もともとウォーターシステムやミラバスをメインに大手ディベロッパーなどに建物の標準装備として導入を広げていたのです。

「ミラブル」はサイエンスの特許技術「トルネードミスト方式」によってウルトラファインバブルを生成します。渦を巻きながら吐水するこの技術で、水流が毛穴の奥まで届き、汚れをかき出してくれるといいます。

「ファインバブル」にはＩＳＯで定められた国際標準規格があり、直径１００㎛未満で１㎛（＝０・００１㎜）以上の泡をマイクロバブル、それより小さい直径１㎛未満の泡をウルトラファインバブルとし、２つを合わせて「ファインバブル」と定義しています。

「ミラブル」シリーズのコンセプトとして特徴的なのは、シャワーとしての機能を持ちながら、浴室で使用する美顔器として設計されていることです。

美顔器は買った当初こそ使われるけれど、すぐに忘れられてしまう。ならば、毎日使うシャワーが美顔器の役目を果たせば一石二鳥ではないかと、青山さんは考えたのです。

さらに、２０２２年5月に登場した新商品「ミラブル zero」には、３種の水流による洗顔モード、頭皮モード、口腔(こうくう)モードが搭載されました。美顔器、頭皮マッサージャー、ジェットウォッシャーと美容機器をいくつも買うことを考えると、1台3役が叶う「ミラブル zero」はかなりお得感があります。

バスタイム中に顔、頭、口とすべての「自分メンテナンス」が済んでしまうのですから、忙しい人には最適ですね。

このような「一石三鳥」の発想が、タイムパフォーマンス（タイパ）を重視する現在の消費者に刺さり、「高くてもバカ売れ」に繋がったのです。

乾かしながら髪や頭皮をメンテナンス

さて、バスタイムが終わったあと、髪を乾かす時に「自分メンテナンス」できる商品もヒットしています。

それが高級ドライヤーです。

2万〜5万円と普通のドライヤーに比べるとかなり高いのですが、素早く乾かせるのに髪へのダメージが少なく、毎日使い続けると髪や頭皮をケアできるということで各社から発売されていて、一大ブームを巻き起こしています。

ReFaの「BEAUTECH DRYER」もそのひとつで、通常価格は3万8000円（税込）。複数のトップサロンとの共同開発により、しっとりと柔らかい「サロン帰りの髪」を再現するというのが謳い文句です。

ヘアサロンの美容師は、ドライヤーの温風と冷風を巧みに使い分け、髪を傷めないように美しく乾かしてくれます。

「BEAUTECH DRYER」は独自技術の「プロセンシング」により、対象物センサーが髪の温度を感知します。温風と冷風を自動で切り替えることで約60度以下をキープし、髪を熱ダメージから守るとのこと。

まるで美容師さんのようなテクニックを自動で再現してくれるわけです。

さらに、ドライヤーからイオンが発生する「ハイドロイオン」が髪に潤いを与え、しっとり、ふんわりなど、髪の質感もコントロールできるといいます。

公式サイトでは「サロン帰りの髪」について、「表面はしっかり乾いているのに、内部には水分がギュッと詰まったレア質感」と表現しています。

私などは「サロン帰りの髪」と言われてもピンとこなかったのですが、周りの女性に聞くと、自分で雑に乾かした髪とサロンで丁寧に乾かしてもらった髪では、雲泥の差があるそうです。

あのサラサラした髪を自宅で再現できるなら、高級ドライヤーにお金を出しても惜しくないとのことでした。

シャンプーやブローを含む一般的なカット代は4000~6000円。自宅で髪を洗うたびに「サロン帰りの髪」になれるのなら、「自分メンテナンス」ために1台5万円のドライヤーでもお得だと考える人が多かったということでしょう。

機能の優秀さもさることながら、「サロン帰りの髪」という明確なイメージを打ち出したことが、「BEAUTECH DRYER」のヒットの秘訣だと考えられます。

夜の時間に心の自分メンテナンス

バスタイムを終えてベッドに入るまでの時間を、心の「自分メンテナンス」をするためのゴールデンタイムだと考える人は多いようです。

そんな人たちに向けて2022年12月、セブン‐イレブンでテスト発売された斬新なビールが話題になりました。それがアサヒビールから発売された「ASAHI YORU BEER(ヨルビール)」です。

「ASAHI YORU BEER」は、エスプレッソコーヒーと黒麦芽を配合した麦汁で醸造した黒ビールで、エスプレッソの香りや黒ビールの深い味わいが特徴です。

ビールとコーヒーというのはかなり意外な組み合わせですね。これは開発チームが「夜」という時間帯に着目したことから生まれたといいます。

リサーチの結果、「夜の自由な時間はとても大切で大好きな時間。自分だけの時間だから、自分の好きなものに囲まれて、好きなことをして過ごしたい」という人が多いということがわかりました。開発チームはこの気づきを宝物にしながら、商品を作り上げていったのです。

ビールの缶には、ビールと一緒にコンビニの新作スイーツや、読書、音楽などを楽しむ男女の洒落たイラストが描かれています。

コーヒーのように味わいながら、1日を振り返りながら静かにゆっくり飲むという「ASAHI YORU BEER」は、ビールの飲み方や飲むスピードに対する新しい提案でもあります。まさに次世代ビールと言えるかもしれません。

ちょこっと時間にカラダをメンテナンス

さて、この章では「自分メンテナンス」がキーワードになっているさまざまなヒット商品を見てきました。最後に、今増殖中のフィットネスジムについて見ていきましょう。

本書のタイトルである「高くてもバカ売れ！」とは逆をいく、価格を思い切って安くした事例です。でも読者のみなさんの参考になると思い、あえて取り上げたいと思います。

それは、RIZAPが２０２２年7月にスタートした、低価格の24時間フィットネスジムである「chocoZAP（チョコザップ）」です。

RIZAPというと、２カ月で30万円くらいかかる高級パーソナルトレーニングジムというイメージがあります。

ところが、その真逆をいくのが「chocoZAP」です。

24時間３６５日、全店舗が使い放題で、利用料は月額２９８０円（税別）。トレーニングマシンだけでなく、個室のセルフエステやセルフ脱毛、セルフホワイトニング、マッサージチェアなども利用することができます（店舗によって設備が異なります）。着替えも靴の履き替えも不要で、入退館はQRコードをかざすだけ。まさに「1日5分からはじめられる、初心者向け24hコンビニジム」なのです。

一般的なスポーツジムの月額利用料は1万円前後が相場ですから、月額2980円はかなりお得に感じられます。これなら運動の習慣がない人も通いやすい、実に絶妙な値付けです。

ただし「chocoZAP」は一般的なジムと比べるとスペースが狭く、マシンも初心者向けのものが設置されています。完全無人営業であり、受付スタッフやトレーナーはいません。従来のスポーツジムで必須とされてきたシャワールームや鍵付きのロッカーもありません。

CMや街中で見かける chocoZAPのロゴ

出典：RIZAPグループ株式会社

こうした点は、いわゆる「筋トレガチ勢」にとってはデメリットと言えます。しかし「chocoZAP」のターゲットは、本格的に筋トレをしている層ではなく、運動をあまりしない初心者です。この層にとっては本格的なトレーニング設備よりも、気軽に通える環境や利用料の方が重要なのです。

このような敷居の低さから、「chocoZAP」の主な利用者は20～50代までと幅広く、男性よりも女性の方が多いとのこと。セルフエステやセルフ脱毛のサービスも、美容目的の利用者を着実に取り込んでいます。

気軽、手軽、お安く——という消費者ニーズに合致した「chocoZAP」は快進撃を続け、店舗数は2023年11月14日時点で1160店まで増えました。

そして、ブランド開始から約1年5カ月で会員数100万人（2023年11月時点）を突破し、国内フィットネスジムにおいても日本一を達成しました。

たとえ1日5分でも毎日ジムに行くと、それなりの効果は出てくるでしょう。「chocoZAP」という絶妙に親しみやすいネーミングも含め、全国に膨大にいる筋トレ初心者層を刺激して「やってみよう」と思わせることに成功したのです。

「食と医療」をコンセプトにしたレストラン

本章の最後に、アメリカの興味深い事例をひとつ取り上げたいと思います。

高級オーガニック食品スーパー「ホールフーズ」の創業者であるジョン・マッキー氏が始めた新たなプロジェクト、「Love.Life（ラブ・ライフ）」です。

1980年に創業した「ホールフーズ」は無農薬・無添加のオーガニック食品を扱うスーパーマーケットの草分けで、マッキー氏は自然食やエコロジーの分野ではカリスマ的な存在として知られています。

2017年に「ホールフーズ」をアマゾンに売却したのちも同社を率いていましたが、2022年に引退。フリーになった彼が次に何をするのか注目していましたが、小売ではなく外食と聞いて驚きました。

しかもレストラン単体を運営するだけではなく、外食は包括的な構想に含まれるパーツのひとつというのですから、一体どんなプロジェクトになるのか、とても興味深いと感じました。

「Love.Life（ラブ・ライフ）」は、簡単に言うと「ヘルス&ウェルネス」をコンセプトとしたレストランです。

彼の信念である「薬としての食品（Food as medicine）」を体現するべく、2021年にフロリダのヘルシーレストランを買収。2023年初頭には、プラント・ベースド・テレヘルスという遠隔診療企業も買収しました。

どうやらレストラン・クリニック・遠隔診療の3つの要素を兼ね備えた外食産業を展開しようとしているようです。

実際に訪れた人のレポートによると、レストランは非常に洗練された内装で、トランス脂肪酸や200種類以上の添加物を使わないなど、「ヘルス&ウェルネス」を追求したおいしい料理が提供されたとのこと。

今後、クリニックや遠隔診療のサービスと合わせて、お客様一人ひとりの健康状況に即した料理が出されるようになったりすると、かなり面白い取り組みになるのではないでしょうか。

「食と医療」というコンセプトは、今後「自分メンテナンス」の文脈で「高くてもバカ売れ」を可能にする売り方のひとつになりそうです。

3章まとめ

- ストレスフルな世の中で、「自分メンテナンス」のためなら、多少高くてもお金は出すという人が増えている。
- 中でも睡眠での「自分メンテナンス」にこだわる人は多く、眠りに関連する商品はヒットが生まれやすい。
- 「寝ている間に○○」「バスタイムの間に○○」（○○には「美容」や「健康」などのワードが入る）という商品は、タイパが重要視される現在においてはヒット商品が出やすい。
- 健康や栄養は気になるけど「おいしくない」ものは食べたくない。おいしくて「自分メンテナンス」に繋がるなら多少高くても買う。
- 一日の締めにあたる夜に特化した商品に勝機あり。
- 今まで高かった「自分メンテナンス系」の商品やサービスは、思い切って余計なものを省いて価格を下げて別ブランドを作るのもあり。

4章

なぜ、ゴディバはローソンやマックで商品を売るのか？

自分へのご褒美なら、
プチ贅沢しても「ま、いいか」

キーワード

プチ贅沢ご褒美

1人6500円の映画館、あなたは行きますか？

最近、近くのシネコンに映画を観に行くと気づくことがあります。席全体はガラガラでも、エグゼクティブシートと名付けられたプレミア席は満席であることが多いということです。

料金は3000円。確かに「専用テーブル、リクライニング機能を備えており、前の座席との間隔も広い」という優位性はありますが、空いている時であれば通常の席でも映画を観るには十分にゆったりしていると感じます。

インフレにより節約志向が高まっているというのに、一般席からプラス1000円を払ってでもエグゼクティブシートを選ぶというのはどういうわけでしょう？

調べてみると、今、映画館の座席はどんどん高級化していることがわかりました。

たとえば、2023年4月、「新宿ミラノ座」跡に建てられた東急歌舞伎町タワー内にオープンした「109シネマズプレミアム新宿」は、座席数を通常の半分以下に減らし、全席プレミアム仕様のシートを採用しているとのことです。

これは体験せねばと、実際に訪れてみました。

東急歌舞伎町タワーは地上48階、地下5階の超高層複合ビル。ホテル・飲食施設・劇場・ライブハウスなどがあり、外国人観光客も多く、とても賑わっています。その9～10階にある映画館が「109シネマズプレミアム新宿」です。

その特長は、上質な鑑賞環境と徹底されたサービスにあります。その結果、料金設定はCLASS Aで4500円、CLASS Sで6500円と、通常の映画チケット料金の倍以上の価格に設定されました。

「CLASS A」は、リクライニング機能とサイドテーブルを備えており、鑑賞中のノイズを極力排除するよう設計され、頭が当たる部分がふかふかで快適にリラックスしながら映画を観ることができます。

「CLASS S」は、シアター中央列に位置し、「CLASS A」よりさらにシート幅が広く電動リクライニング機能やUSB充電装置付サイドテーブルを完備。座席を区切るパーテーションも頭の高さまであるため、プライベート感が高く映画に集中し没頭できます。

プチ贅沢な付加価値で満足度を高める

とはいえシートのラグジュアリーさだけでは、この金額は高いと思う人も多いかもしれません。「109シネマズプレミアム新宿」では、他にも付加価値のあるサービスが料金に含まれているのです。

どちらのクラスにも共通するのは、映画上映の1時間前から利用することができるラウンジの存在です。さまざまな形のソファや椅子が数多く用意され、印象的なアート作品も展示されています。新宿歌舞伎町の喧騒（けんそう）とは別世界です。さらには故・坂本龍一さんがプロデュースした心地よい音楽が流れています。

映画を観る前から贅沢な気分が味わえて気分もアガります。

「WELCOME CONSESSION」ではバラエティ豊かなソフトドリンクに加えて、塩・キャラメル・ミックスと3種類のポップコーンがおかわり自由です。お酒を楽しみたい方は、別料金になりますが併設の「THE BAR」で楽しめます。

さらに「CLASS S」シートを購入すると、鑑賞前のラウンジに加えて、鑑賞後にプレミアムラウンジ「OVERTURE」が利用できます（ウェルカムドリンク1杯サービス）。洗練されたスタイリッシュな空間で、ひとり映画の余韻に浸ったり、同伴者と作品について語り合ったりしながら特別な時間を過ごすことができるのです。

実際にこれらのサービスを利用してみると、「CLASS S」でひとり6500円という金額設定は決して高くないと感じました。

2組限定のプラチナルームは2名で3万円！

「109シネマズプレミアム新宿」以外の映画館でも、ここ数年高価格の座席チケットが増えています。

同じ新宿にある映画館「新宿ピカデリー」は「プラチナシート」と「プラチナルーム」という特別な座席があるのが特徴です（サービス内容は変更になることがあります）。

「プラチナシート」の料金は1名5000円で、シングルシートとペアシートから選べます。スクリーン1のバルコニー中央に位置し、スクリーンが目線の高さに来るように設計された包み込まれるようなシートで映像を楽しめるのが特徴。

こちらも上映開始1時間前より、ラウンジにてシャンパンや季節のお茶などウェルカム

新宿ピカデリー「プラチナルーム」

出典：株式会社松竹マルチプレックスシアターズ

ドリンクを楽しむことができます。ラウンジへは通常の座席とは違う専用のエレベーター入り口が設置されています。

そしてさらに注目を集めているのはスクリーン1に2室のみ設置されたプライベートルーム型のバルコニー席「プラチナルーム」です。

イタリア・カッシーナのソファの最高傑作のひとつ「マラルンガ」に身を預け、脚を伸ばして極限までリラックスした姿勢で映画を鑑賞できます。

ラウンジではウェルカムドリンクに加え、ジョエルロブションの焼き菓子といった高級スイーツも提供されます。さらに「プラチナルーム」では、鑑賞用のシートとは別に2人専用の個室のウェイティングルームも完備されています。

それで2名で3万円。

高いと思う人の方が多いでしょうが、記念日などにその時間の体験を買うと考えると、むしろ安いと感じる人もいるのでしょう。


ということで、4章のキーワードは「プチ贅沢ご褒美」です。


インフレ化で「節約」がキーワードになっている一方で、「それだけではつらい。大きな贅沢はできない代わりに、プチ贅沢くらいであれば日常の彩りとして、たまにはいいか」と思う人が多いということかもしれません。

また「普段頑張っている自分へのご褒美のために、これくらいの出費ならいいか」という心理もあるでしょう。

その意味では、「プチ贅沢ご褒美」は、1章で取り上げた「アガる」とは似ているようでまた少し違うと考えます。

タクシーにも「プチ贅沢」の波が……

タクシー業界もまた、「プチ贅沢」戦略を採用するところが増えています。

長野県松本市を拠点とするNagano Luxury Taxi（ナガノ ラグジュアリー タクシー）は、ラグジュアリーなサービスの提供を目指す個人タクシーグループです。

キャッチコピーは「地上のファーストクラスへようこそ」。

高級ワンボックスカー「トヨタ アルファード」を使用し、車内に多彩なアメニティを用意するといったサービスを展開しています。

信州へ観光にきて、タクシーで各地を回ったりする時、どうせだったらラグジュアリーな車両に乗って「プチ贅沢」気分を味わいたい方も多いでしょう。そのようなニーズをうまく掴むサービスです。

距離あたりの運賃は普通タクシーと変わらないのですが、上高地への送迎（松本駅～上高地、片道定額1万9500円）や観光タクシーなど長距離を利用する顧客が多いので、結果として客単価は大幅に上がっていると思われます。

タクシーアプリでシェア1位の「GO」は、2022年11月から「GO PREMIUM」というサービスを、千代田区や港区など、東京都内の一部でスタートさせました。「GO PREMIUM」は高評価が多い優良乗務員が乗務し、車両は高級ワンボックスカー（現時点ではトヨタ アルファードのみ）を使用。最大6名まで乗車可能です。

また支払いは事前のGO Pay決済のみとなるため、後部座席にタブレット設置がなく、ゆったりした車内空間が確保されているのも特徴です。

ハイヤーのような事前予約や最低料金は必要ありませんが、通常のタクシー料金に加え、最大で30％のプレミアムチャージが発生します。たとえば通常運賃が1940円の距離だった場合、「GO PREMIUM」だと2300円になるといった具合です。

お客様など大切な人と乗る場合や、ちょっとした「プチ贅沢」気分を味わいたい時など、それくらいの金額の差なら需要がありそうです。

実際、サービス開始から3カ月で延べ20万人以上が利用して好調なスタートを切っているといいます。好評を受けて、2023年3月からサービス提供エリアを都内15区に拡大しました。

定番のお菓子がプチプレミアム化で大ヒット

ここ数年、インフレ化で節約志向が高まっているはずなのに、おなじみのお菓子ブランドが出す「価格が少し高いプレミアム版」が人気を博す現象が続いています。

前述したように、大きな贅沢はできないけど「プチ贅沢ご褒美」を味わうことで、生活に少しでも潤いを得たいという象徴的な現象ではないでしょうか？

ロッテが展開する「ガーナ」チョコレートの高級ラインである「プレミアムガーナ」や、「チョコパイプレミアム」もその一例です。

「プレミアムガーナ」は２０２１年10月に登場し、以降シーズンごとに新商品を発表しています。現在は「キャラメルサレ」や「ピスターシュ」などスイーツ専門店のようなラグジュアリー感のあるラインナップで、１箱３００円ほどと強気の価格ながらよく売れています。

「アガる口どけ」というキャッチコピーや、俳優の吉沢亮さんを起用したＣＭも印象的でした。

「チョコパイ」ブランドからは、初のプレミアムシリーズとして2022年11月に「白いチョコパイプレミアム〈初雪ミルク〉」が登場。

2023年5月に発売された「チョコパイプレミアム〈贅沢マスカットタルト〉」は、チョコレート、ケーキ、ソース、クリームすべてにマスカットオブアレキサンドリアの果汁を使用した贅沢な味わいが話題になりました。

また、大阪のデパート阪急うめだ本店では、メーカーの定番商品のプレミアム版を扱う高級お菓子シリーズが販売されている以下のようなショップがあります。

- 江崎グリコ「バトンドール（Bâton d'or）」：高級ポッキー
- カルビー「グランカルビー（Grand Calbee）」：高級ポテトチップス＆フライドポテト
- 亀田製菓「ハッピーターンズ（HAPPY Turn's）」：高級ハッピーターン

いずれも定番ブランドに比べるとかなり高い価格にもかかわらず、行列ができるほどの人気になっています。

SNSが盛んな今、「みんなが知っているお菓子」がリッチになったというのは話題になりやすく、「プチ贅沢ご褒美」を楽しみたい消費者の志向にもハマります。このような定番ブランドのプレミアム化は、バカ売れのひとつのヒントになりそうです。

あの「カップヌードル」もプチプレミアム化

2023年9月、あの「カップヌードル」に「プチ贅沢ご褒美」な新商品が登場したことで大いに話題になりました。

それが「特上カップヌードル」です。

価格は259円と通常品より20円ほど高く、パッケージのデザインもゴールドを多用して高級感を出しています。

中身は〝謎肉〟のサイズを通常品の1・5倍にし、特製のトリュフ風味オイルを加えるなど具材やスープを豪華にして〝特上〟な味わいに仕上げたものだといいます。

他にも「カレー」「シーフードヌードル」「チリトマトヌードル」と4種類の味の〝特上〟が同時に発売され、SNSでは大きな話題になりました。

食べた感想は、賛否両論で、「激うま」「最高」「リピート確実」という意見がある一方で、わずかながら「残念」「何が違うかわからない」「結局、オリジナルには勝てない」といった意見もありました。

今回は売り切れ次第終了ということでテストマーケティングの意味合いが強いようですが、売り切れ店が続出しているといいます。

人気があった商品は、2024年以降、定番化される可能性も高いでしょう。

上質な濃さでリッチなカルピスが大ヒット

飲料でも定番商品のプレミアム化でヒットが出ています。

アサヒ飲料の「カルピス THE RICH」は、2022年の清涼飲料のカテゴリーで年間最も売れた新製品（飲料総研調べ）でした。

1919年に誕生し、100年を経ても販売数を伸ばし続ける「カルピス」ブランド

「カルピス®THE RICH」（左）と
「カルピス®THE RICH クリーミー」（右）

出典：アサヒ飲料株式会社

は、アサヒ飲料の屋台骨を支える存在です。しかし、常に順風満帆だったわけではなく、苦境に立つたびに新商品やブランド価値の向上に取り組んできたことが、現在の揺るがぬ地位につながっています。

２０２２年春には、１９９１年に発売され２０００万ケースを販売するヒットとなった「カルピスウォーター」や、「カルピスソーダ」をリニューアルします。

そして同時期に新商品として売り出されたのが、「カルピス ＴＨＥ ＲＩＣＨ」と「カルピス ＴＨＥ ＲＩＣＨ クリーミー」でした。

同社のプレスリリースによると、「カルピス ＴＨＥ ＲＩＣＨ」の魅力は「自分にご褒美をあげたい時や、リラックスタイムにぴったりの上質な濃さを楽しめる」ことです。

パッケージ上部にも「まろやかな濃さ」と記載することで、日常の「プチ贅沢」を叶える濃厚な味わいであることが訴求されています。

北海道産生クリームを加えてさらなるクリーミーさを表現した「カルピス THE RICH クリーミー」もそうですが、今回の新商品はどちらも「濃い」ということが、ひとつの贅沢の表現になっています。

もともとカルピスは、希釈して飲むことが前提の家庭向けの商品でした。つまり、カルピスをいつもより「濃いめ」にすることは、日常のなかの贅沢（リッチ）であるというイメージがすでに消費者の頭のなかにあるわけです。

このように、消費者にとって何が贅沢でご褒美になるかという価値観を追求していくことも、ヒットの秘訣ではないかと思います。

コンビニゴディバで小さなラグジュアリー体験

デパ地下や路面店で高級ブランドのチョコレートなどを買うのは、プレゼントや手土産などの場合が多い。一方、自分へのご褒美のための「プチ贅沢」は、コンビニのスイーツという方が多いのではないでしょうか？

最近のコンビニスイーツはクオリティがかなり高くなっています。菓子の高級ブランドとのコラボ商品もよく見かけるようになりました。その代表格がゴディバです。

1926年にベルギーのブリュッセルで創業したゴディバは、世界100カ国以上で販売される高級チョコレートの代名詞的なブランドです。日本には1972年に上陸し、直営の路面店やデパートなどを中心に販売を続けてきました。

しかし最近は、コンビニをはじめ、マクドナルドなどの飲食店でもゴディバのコラボ商品を販売しているのをよく見かけます。一体どのような理由からでしょう？

それは2010年にゴディバ・ジャパンの社長に就任したジェローム・シュシャンさんが打ち出した「Aspirational（憧れ）とAccessible（身近さ）は両立できる」という考え方からです。

コンビニやマクドナルドのような店舗は身近な場所にあり、手軽にアクセスできるため、多くの人々が日常的に利用します。こうした場所で提供されることで、消費者は手軽な価格でゴディバの味を楽しむことができ、「プチ贅沢ご褒美」という欲求を満たすことができます。

一方ゴディバは、高級品であるがゆえに消費者の日常から忘れられるというリスクを避けることができます。まさにWin-Winというわけです。

もっとも、コンビニで販売されている他のスイーツと比べると、ゴディバの商品の価格は高めです。

2023年5月からローソンで発売された「Uchi Café × GODIVA カラメルショコラロール」は397円（税込）、2023年9月から発売の「Uchi Café × GODIVA どらもっち ドゥーブルショコラ」は376円（税込）。2023年5月から全国のコンビニで展開された「カカオ72％ ダークチョコレートソルベ」は475円（税込）でした。

コンビニで300円以上のスイーツといえば結構高いという印象ですが、自分へのご褒美として「プチ贅沢」を味わうためなら、消費者はお金を払うのです。

前述のシュシャンさんは「2010年代に入り、人々は気軽に色々な場所で『小さなラグジュアリー体験』を求めるようになった。私たちはお客様目線でアクセシブルなラグジュアリーを提供している」と述べています。その狙いが当たり、ゴディバの売上は2010年からの7年間で3倍になったそうです。

ゴディバの快進撃は止まらず、2023年8月にオープンしたパン屋「GODIVA

Bakery ゴディパン 本店」（東京・有楽町）はオープン前夜から客が並び始め、11時の開店時には200人を超えました。

ベルギーワッフルやチョコレートドリンクなど、手土産やご自分へのご褒美にぴったりの商品を販売する駅ナカ店「GODIVA GO!（ゴディバ・ゴー）」など、新事業も続々と生まれています。

ただしこのような戦略は、これまで築いてきた高級ブランドのイメージを損なってしまうリスクもあるので注意が必要です。

ドーナツ離れをプチ贅沢な共同開発商品で克服

かつて手土産の定番商品のひとつだったドーナツですが、健康志向で糖質を気にする人が増えたため、2010年代において市場は減少の一途をたどっていました。調査会社の富士経済（東京・日本橋）によると、2010年で1321億円だったドーナツチェーンの市場規模は17年に950億円程度にまで落ち込んだといいます。

ドーナツチェーンの最大手であるミスタードーナツ（運営会社：株式会社ダスキン）も例

外ではなく、売上の不振から２０１４～17年にかけて赤字を記録しました。

そんな中、「持ち帰り専門」の新業態の強化や不採算店の閉鎖などと並行してミスタードーナツが力を入れたのが、「misdo meets」という他企業との「共同開発商品」の販売でした。

他の企業の力を借りてプチ贅沢なドーナツを共同開発することで、ドーナツ離れを克服しようと考えたのです。

そして、この狙いは見事に当たりました。コロナ禍の持ち帰り需要の増加もあり、ミスタードーナツの業績は大きく改善したのです。

コラボ相手先はピエール マルコリーニやヴィタメール、Toshi Yoroizukaなど、有名スイーツブランドが多いですが、最も歴史が長いのが、２０２３年で7年目を迎えた祇園辻利（ぎおんつじり）です。

祇園辻利は、京都で１８６０年創業した宇治茶専門店。毎年春になると売り出される「misdo meets 祇園辻利」は、和とドーナツの融合で話題を呼び続けています。

初年度の開発中、祇園辻利は「商品に使用する宇治抹茶に着色料や保存料を混ぜないでほしい」とミスド側に強く要望。宇治抹茶は光に弱く、電球の明かりが当たっただけでも変色してしまうため、かなりの難題だったようです。

しかしミスタードーナツ側はあきらめず、ドーナツを遮光用のスリーブで包み、さらに包装用の小さな箱に入れるといった解決策を提案し、両社のコラボがスタート。多くのファンを抱える毎年恒例の人気企画となりました。

安売りカットにもプチプレミアム化の波が

「QBハウス」は、1996年日本初の「ヘアカット専門店」として誕生しました。

理容店での色々なサービスの中から「カット」に特化し、「10分1000円」という衝撃の価格で提供するという業態は、当時誰もが驚くビジネスモデルでした。

その後も順調に店舗数を伸ばし、2023年11月末時点で国内575店舗、香港・シンガポール・台湾・アメリカに126の海外店舗を展開する国内最大級のヘアカット専門チェーンに成長しています。

そんな「QBハウス」が、2020年3月東京・大手町でスタートさせた新業態が「QBプレミアム」です。その名の通りQBハウスのプレミアム版で、料金は通常版（135

0円）より450円高い1800円（いずれも税込）です。
「ＱＢプレミアム」の主な特徴は以下の通り。

・スマホのアプリから事前予約できる（事前決済も可能）。
・「電子カットカルテ」機能で髪型やスタイリングの履歴や写真を残すことができる。
・スタイリストは店長・マネージャークラスを配置。
・整髪料を使った仕上げのスタイリングサービスを用意。
・Wi-Fiや充電用のコンセントを完備。コーヒー（有料）の提供。

今までの「ＱＢハウス」だとカットが終わればすぐに出ていかなければならなかったのですが、「ＱＢプレミアム」だと終わってからもコーヒーを飲みながらちょっとした仕事を片づけることもできます。

もっとも、第1号店のオープンした2020年3月は新型コロナウイルスの感染が広がり始めた頃で、4月には緊急事態宣言が発出され休業を余儀なくされるという厳しいスタートでした。

しかし感染状況が落ち着くにつれ、客数は増えていき、2023年11月現在、東京・大阪に6店舗まで増えています。

安いが当たり前だった文房具を高級化してヒット

文房具のジャンルでも、「プチ贅沢」をキーワードにしたことでヒットした事例を2点ご紹介します。

2021年11月にゼブラから発売された「フィラーレ ディレクション」は、ビジネス向けの高級サインペンです。金属素材を使用したボディはまるで万年筆のようで、ビジネスシーンでスマートに使える高級感を漂わせています。これまでは、サインペンというとキャップのついたプラスチック製で、1本100円前後の使い捨ての文房具というイメージがありました。

しかし、このサインペンは2200円（税込）。にもかかわらず売れています。

この前例のない「高級サインペン」というアイデアは、商品開発部の吉田章人さんの体験から生まれたものです。

なにもわからない新入社員の頃、「手書きで具体的なイメージを相手に伝える」という上司の指示のしかたに助けられたという吉田さん。

「上司が部下に手書きで指示を出すときにカッコよく見えるペン」というイメージから、ボールペンなどよりも線が太いペンで、デザイン性も高いものを作りたいと考えたといいます。

三菱鉛筆が2023年3月に売り出した「KURUTOGA DIVE（クルトガ ダイブ）」も、5500円（税込）とシャープペンシル（以下、シャーペン）としてはかなり高価な商品でしょう。

シャーペンとしては珍しいキャップ付きで、新たに搭載した「自動芯操出（パイプから芯を出した状態で、自動的に芯が最適の長さであり続ける）」というメカニズムが特徴となっています。

製品企画を担当した荒木健太郎さんによると、「KURUTOGA DIVE」は2022年に2度、数量限定で発売したところ、店頭に並ぶやいなや完売。ネットではプレミア付きで売買されるなど、すさまじい人気だったといいます。

珍しいキャップ付きにした理由は、繊細なペン先を保護するため。芯がいつも適度な長さで出ているので、キャップを外すと即「書くこと」に没頭できる（ダイブできる）ことが、ネーミングの由来となっているそうです。

「フィラーレ ディレクション」も「KURUTOGA DIVE」も、昔ながらのフェルトペンやシャーペンと比べると、その進化に驚かされます。

新たなテクノロジーによる書き心地と、ビジネスパーソンが持っていても恥ずかしくない「贅沢感」を実現したことが、「高くてもバカ売れ」につながったと言えるでしょう。

電動アシストで歯みがきにもプチ贅沢を

あなたは歯磨きをするとき、電動歯ブラシを使っていますか？

ライオン株式会社が2022年に行った調査では、ハブラシユーザーの約半数が電動ハブラシの使用意向をもっていたものの、実際に使用している人は14％にとどまっているとのこと。

一番のネックは価格です。電動歯ブラシは安くても5000円程度、高級品になると数万円することもあります。さらに好みのブラシヘッドが選べないことも理由になっていました。

そこでライオンは、2023年4月に普通の歯ブラシと同じ感覚で使える「LION電動アシストブラシ」を発売しました。

1分あたり約9000回の音波振動で手みがきをアシストし、効果的にクリーニングできるというもので、通常の電動歯ブラシよりも軽量かつ動作音も小さくなっています。さらに「システマ」「NONIO（ノニオ）」「クリニカ」といったライオンブランドから自由に付け替えブラシを選べるのが特徴です。

肝心の価格は店頭で1800円前後と、通常の歯ブラシよりはかなり高いですが、電動歯ブラシに比べるとだいぶ安く、まさに「プチ贅沢」気分を味わうにはぴったりの商品です（3章の「自分メンテナンス」にも繋がっています）。

「LION電動アシストブラシ」は、発売から1カ月でドラッグストア向け販売本数が約4万本となり、市場シェア4割に迫るという大ヒット商品になりました。

これまで電動歯ブラシ購入に踏み切れなかった潜在層（かつ若年層）の掘り起こしに成功した、注目すべき事例だと言えるでしょう。

心のゆとりをもたらす1人用家電

ここ数年、「1人用家電」が人気上昇中です。

その中でも想定以上のヒットとなったのが、2023年2月に発売されたパナソニックの1人用の食器洗い乾燥機「SOLOTA（ソロタ）」です。

「日経トレンディ2023年上半期ヒット大賞&下半期ブレイク予測」家電部門において、ヒット大賞を受賞。20代、30代の単身世帯をターゲットに、「パーソナル食洗機」という新たな市場を開拓しました。

これまで食洗機といえば、主要ターゲットはファミリー層でした。

しかし「SOLOTA」は、あまり料理をしない中食中心のひとり暮らしをターゲットとしています。

パーソナル食洗機「SOLOTA」

出典：パナソニック株式会社

価格は税込約3万8000円で、一度に洗える食器はご飯茶碗（ぢゃわん）、汁椀（しるわん）、中鉢、小皿、マグカップ（グラス）、大皿（中皿）の6点ほど。

機能面やデザインは過不足なくシンプルで、A4ファイル程度のスペースがあれば置くことができるため、狭いキッチンにもなじみやすいのが特徴です。

「1人用の食洗機」と聞くと、「そんなの要る？」「ちょっと贅沢だな」と感じる人もいることでしょう。

パナソニックによると、欧米では食洗機の普及率が約70％程度まで進んでいる国や地域もある一方で、日本の普及率は30％未満とのこと。食洗機が「生活必需品」として認知されておらず、まだまだ贅沢品だと思われているほか、食器を洗う機能に対して懐疑的な意識もあるようです。

「SOLOTA」の開発に際しては、ターゲット層と同世代の開発チームが組まれ、単身者のライフスタイルが徹底的に研究されました。

「1人分の食器なんてすぐに洗えばいいと頭ではわかっているのに、ためてしまう。そんな自分に罪悪感を覚える」「忙しい生活を送る一方で、家事もちゃんとこなさなくてはというプレッシャーがある」。お互いのそんな経験を照らし合わせ、さらに市場調査や消費者アンケートを重ねるなかで、「単に食器を洗うためだけのものではなく、気持ちのゆとりを創出するもの」という「SOLOTA」のコンセプトが固まっていったといいます。

「SOLOTA」という名称には、ひとり暮らしを家電の技術でアシストしたい（Solo Technological Assistant）という思いが込められています。仕事や家事で忙しい中でも、プライベートタイムをより充実させたい。そんな20〜30代の単身者の家事負担軽減と、より豊かな時間を生み出すための生活をサポートする相棒という位置づけなのです。

開発チームでマーケティングを担当する山本秀子さんによると、発売当初「SOLOTA」の売れ行きは計画比の約2倍で、月額1290円（税込）の定額利用サービスも計画比の約2・5倍と想定以上の反響があったとのこと。若い世代に「食器洗いは食洗機に任せるのが普通」という価値観を浸透させる、「ファースト食洗機」としての役割が期待されています。

お金に対してシビアで、タイパ意識が極めて高いと言われるZ世代。そんな彼らにとっての「プチ贅沢ご褒美」は、時間のゆとり、気持ちのゆとりを作ってくれるものを買うことなのかもしれません。

4章まとめ

- インフレ下の節約志向に疲れて、「プチ贅沢ご褒美」で生活に彩りや潤いを取り入れたいと思う人が増えている。
- 映画を観るだけでなく、前後の時間も含めて付加価値を提供するプレミアムシートが過熱している。
- 定番のお菓子・食品・飲料などのプレミアム化は、自分へのご褒美のための「プチ贅沢」を求めている消費者の気持ちにマッチしている。
- 高級スイーツブランドがコンビニで消費者に小さなラグジュアリー体験を提供することで販路を広げている。
- 文房具も高級化することで「プチ贅沢需要」を獲得している。
- 電動アシスト歯ブラシのように、高級品と普及品の間の価格帯を狙う戦略もあり。
- 時短のための「プチ贅沢需要」を狙うのもあり。

5章

廃棄寸前の真鯛が6300匹も売れた理由

応援や推しにお金を使えば心が満たされるのはなぜ？

キーワード

応援消費

「推し」のためなら見返りがなくてもお金は出せる

ここ数年、「推し活」という言葉が流通するようになってきました。

もともとはアイドルオタク界隈の言葉で、自分の好きなアイドルを「推し」と呼んだことが始まりです。

そこから好きなアイドル・歌手・俳優・声優などを応援するために、ライブやイベントに参加したり、コンテンツやグッズを購入したりする活動のことを「推し活」と呼ぶようになりました。

最近は芸能人だけでなく、スポーツ選手やアーティスト、アニメ・漫画・ゲームのキャラクター、歴史上の偉人、動物、鉄道、建造物など「推し」の対象はどんどん広がっています。

以前はそのような活動をする人を「オタク」と呼ぶことが多かったのですが、最近はその活動自体をさして「推し活」といいます。「オタク」と呼ばれていた頃は限られたマニアックな人という印象でしたが、「推し活」という言葉とともに、性別を問わず幅広い年代に普及していっています。

共通しているのは、「推し」のためなら少々の出費はいとわないという心理です。普段の食事は最低限の金額で済ますのに、「推し」のライブがあれば全国をまわり、それぞれの土地でＣＤやグッズなどを大量に購入するといったこともよく聞きます。

では、なぜ人は「推し活」をするのでしょう？

誰かを応援することで、日々の生活にハリが出たり、日常の疲れが癒やされたり嫌なことを忘れられるといった人が多いようです。推しが存在しているだけで幸せな気持ちになり、生きていく原動力になっているという人もいます。また、「推し活」を通じて「同士（友だち）」を得られるということもあるでしょう。

中には自分ひとりで「推し」を楽しむだけでは飽き足らず、「推しのよさを周囲に広める活動（布教）」に力を入れる人たちもいます。

代表的な布教活動には、ＣＤやグッズなどを複数購入して知り合いに渡す、ライブなどに誰かを誘う、ＳＮＳを使って推しのよさをアピールするなどがあります。

さらに、それが高じたのが「応援広告」という新しい広告の形です。

推しの誕生日を祝うセンイル広告

一般的に広告というと企業が出稿するものですが、「応援広告」ではアイドルやタレントなどのファンが、自分たちでお金を出し合って出稿することが特徴です。推しの誕生日やデビュー日などのお祝いや、そのアイドルや芸能人を知らない人にも知ってほしいという認知拡大などが目的です。

発祥は韓国で、「センイル（韓国語で誕生日の意味）広告」と呼ばれ、繁華街の駅に大型広告を出すだけでなく、ラッピングバスを走らせるなど、駅や街中の至る所で多く見かけるといいます。

日本でも2016年末、解散が決まったSMAPのファンたちが集まって朝日新聞にメッセージ広告を出稿したことがあります。本人たちの写真は掲載できませんでしたが、メンバーに感謝を伝える内容で大きな話題になりました。

当たり前ですが、自分たちがお金を出して広告を出稿しても見返りはありません。しかし、その活動自体が自分が生きていくための張り合いになるのです。

とはいえ、ひょっとしたらそのアイドルや芸能人本人の目にも留まるかもしれない。S

NSでお礼のコメントをもらえるかもしれないという下心も少しはあるといいます。

もちろん著作権や肖像権の問題があるので、アイドルやタレントの写真を使うのは所属事務所の許可が必要です。

２０２２年、広告代理店のジェイアール東日本企画が「応援広告」専用のサービスである「Cheering AD（チアリングアド）」を立ち上げました。ＪＲ東日本グループの広告代理店という強みを生かして、個人に代わって媒体社と所属事務所などを繋いで応援広告を広げていこうという試みです。

「推し活」や「応援広告」という市場には、まだまだ伸びる要素がありそうです。

誰かのドラマに参加する感覚が重要

また近年、「応援消費」という行動もかなり一般的になってきました。

これは、特定の生産者や提供者を支援するために商品を購入する行為で、２０１１年の東日本大震災がきっかけで使われるようになりました。被災地の農産物や海産物を「応援消費」することで、生産者を支えようという動きが広がったのです。

それが2020年からのコロナ禍において再び注目されるようになりました。

多くの飲食店や商業施設が休業する中、販路がなくなり、廃棄の危機に瀕していた農産物や海産物などを消費者が直接買って支援するという機運が生まれてきたのです。

その動きは全国に広がり（私自身も当時、結構買った記憶があります）、2020年上半期の「日経MJヒット商品番付」で東の大関に選ばれたほどでした。

「応援消費」の基本的なモチベーションとなるのは、「誰かの力になりたい」という消費者の思いです。さらに送られてくる商品を食べることで、自分自身が楽しむというご褒美もあります。

そういう意味では「推し活」も「応援消費」のひとつの形と言えるでしょう。

「応援消費」や「推し活」では、自分自身がそのドラマの一部に参加しているという感覚が重要であり、その意味では私が前から提唱している「モノガタリ消費」の一例ととらえることもできます。

4章の「プチ贅沢」が自分へのご褒美という要素が強かったのに対して、「応援消費」は、誰かのためなら多少高くてもお金は出せるという心理です。

本章では「応援」「推し」の要素が、「高くても売れる」につながる事例を紹介していきます。

応援消費で6300匹の真鯛が直接消費者に

「ポケットマルシェ」というサービスをご存じでしょうか？

全国の生産者と消費者を直接繋いで購入できるCtoCプラットフォームで、2016年よりサービスを開始しています。

2020年4月、新型コロナウイルスの影響で緊急事態宣言が発出され、多くの飲食店や商業施設が休業を余儀なくされた中、「ポケットマルシェ」は全国の生産者のフードレスキュー体制を強化して、応援消費を積極的にサポートしました。

中でも「5670（コロナゼロ）プロジェクト」は初期の大成功例のひとつです。

2020年4月、三重県の小さな漁村にある友栄水産3代目の橋本純さんは途方にくれていました。

友栄水産は真鯛（まだい）の養殖が家業で、月に2万匹の真鯛を生きたまま観光施設や飲食店に卸していました。

ところが、新型コロナウイルス感染拡大の影響で緊急事態宣言が発出されたことで卸先の店は休業になり、数万匹の真鯛の注文がキャンセルになってしまったのです。

生け簀で育てられている真鯛は、そのままにしておくと大きくなりすぎて規格外になり、商品価値がなくなります。さらに、稚魚を育てるスペースもなくなるので、2年後にも影響します。海に放流しても生き抜くことは難しいので、環境保全の面からできません。かといって廃棄するのも莫大な費用がかかるし、何よりもったいない。まさに八方塞がり。

そんな中、橋本さんと「ポケットマルシェ」が実施したのが、コロナゼロにかけて真鯛を5670人の消費者に届けようという「5670プロジェクト」です。

ただ、大きな真鯛が丸ごと送られてきても一般家庭でさばくのはハードルが高い。そこでオンラインでの「さばき方教室」を実施するというアイデアが生まれました。

「人が食すために育てあげた 特大真鯛（オンライン教室付き）」という商品名で、内臓とウロコ処理をしたものを4298円（税込）で販売しました。

当初、橋本さん本人も尾頭付きの真鯛が、そのままでどんどん売れるとは思っていませんでした。

しかしプロジェクトが始まった途端すさまじい反響があり、真鯛は飛ぶように売れていきました。わずか2カ月で目標を達成。その後も売れ続け、結果、6300匹の真鯛が4300家族に届いたのです。

緊急事態宣言が発出されステイホームを余儀なくされた中、多くの人が家庭内でできる体験を求めていたタイミングにぴったりだったこともあったでしょう。

また、購入する側も単に応援だけでなく、「結婚祝いに真鯛を贈りたい」「子どもの入学式が中止になったので、せめて豪勢な鯛でお祝いしたい」などというニーズがあったこともわかりました。

真鯛を購入したことで、久々に包丁を持って魚をさばいたという人も多かったようです。家族でさばき方教室に参加したことで、久しぶりに一緒に食事をしたという家庭もあったとのこと。

「5670プロジェクト」が素晴らしいのは、単に真鯛が売れたにとどまらない点。それは、さばき方教室を実施したことです。

オンラインとはいえ、橋本さんは数多くのお客さんと直接会話をすることができました。それによって、また友栄水産からまた買いたい、というファンが増えたに違いありません。

また数多くの家庭で包丁を持って魚をさばける人が増えたということは、日本における今後の魚文化を考えても意義深いものになりました。

本来は応援商品のふるさと納税

最近は「返礼品目当て」という批判もありますが、2008年に始まった「ふるさと納税」も、本来は「応援消費」の考え方に近い制度です。

地方では若い人が都市部に出てしまうため、出身地の税収が減ってしまいます。そこで「ふるさと納税」という形で地元出身者の寄付を集め、行政収支のアンバランスを是正しようとしたわけです。

実は「ふるさと納税」が世間に浸透したのも、東日本大震災の影響が大きかったと言われています。「ふるさと納税」を利用すれば被災地の税収が増えることから、ボランティアや募金に続く第三の震災支援として活用されるようになったのです。

さらに、特定の自治体を応援・支援したいと考える人にとっても「使える制度」であるという認識が広がり、利用者の増加につながりました。

「ふるさと納税」のポータルサイト（制度に参加する自治体や返礼品の検索、寄付の送金、返礼品の申し込みまでを行うことができるウェブサイト）を運営し、地域の活性化に注力する楽天は、日本全国のいいもの、おいしいものの情報を発信する「まち楽」という特設サイト（「楽天」のサイト内）も運営しています。「まち楽」では期間限定で、さまざまな地域や地域産品を紹介するコンテンツが公開されます。

たとえば、2022年7月にスタートした「半島WEB物産展」は、日本全国、23の半島から選りすぐりの逸品を集めたウェブ上の物産展です。

キャッチコピーは「半島は、日本の台所。」。エモーショナルな写真とともに各地の歴史や食の魅力が紹介されています。ページをスクロールすると「半島グルメを趣しむ」というコーナーがあり、「楽天市場」や「楽天ふるさと納税」のサイトから地産品を購入したり、自治体へ寄付したりできるようになっています。

楽天は「イノベーションを通じて、人々と社会をエンパワーメントする」ことを企業理念としており、「半島WEB物産展」は国土交通省による「半島振興対策の推進」事業の一環として、国交省の委託を受けて実施しています。

情報発信に長けたEC事業者は、地産品を「応援消費」と結びつけるストーリーテリングも巧みです。地産品の売り方に迷ったときは、こうしたサイトを参考にしてみるのもひとつの手かもしれません。

もったいないを、おいしいにする定額宅配サービス

「ふるさと納税」がきっかけで、産地直送サービスが身近になったと感じている人も多いでしょう。コロナ禍でとくに広まったのが、「捨てられてしまうもったいない食品を何とかしたい」という気持ちから消費するというスタイルです。

そんな風潮にマッチした「未利用魚」を活用した定額ミールパックを宅配してくれる「Fishlle!（フィシュル）」というサービスが利用者を増やしています。

未利用魚とは、形が悪い、傷がついている、魚種がマイナーすぎる、一定の数量が揃わ

ないといった理由で、おいしく食べられるにもかかわらず廃棄されてしまう魚のこと。未利用魚の割合は、日本の総水揚げ量の3〜4割になるといいます。

フードロスになるだけでなく、平均200万円とされる漁師の年収の底上げを阻む障壁にもなっているのです。

「Fishlle!」を運営するベンナーズは、未利用魚を積極的に買い付け、サイズがバラバラ、加工がしにくいなどの理由で未利用魚となっている魚を個性ととらえ、一尾一尾と向き合い、それぞれに合った最適な味付けを施して提供しています。

創業者で代表の井口剛志（つよし）さんは福岡県の出身で、祖父が水産加工業を、父が魚の卸売業を営んでいました。留学先の米国ボストン大学から帰国後、自身にとって身近な水産加工業で起業することを決意。未利用魚という社会課題の解決を会社のミッションとして掲げました。

2021年3月に始動した「Fishlle!」のサブスクリプションサービスは、月に1回、半調理の状態で冷凍された魚が届くというもの。6パックおまかせ便（1〜2人分）の価格は5390円（税込、送料無料）です。

サービス開始後、業績は右肩上がりになり、2022年1月から月の売上高が6倍に。

同年9月には登録者が約3000人、月の売上は1500万円となり、「日経トレンディ（2022年12月号）」の地方発ヒット商品大賞も受賞しました。

魚離れが進む日本で、なぜ「Fishlle!」がこれほど支持されるのか。

それはやはり、同社の「もったいないを、おいしいに」というストーリーが、消費者の「応援したい」という感情を引き出すからでしょう。

日本は食品廃棄が多い国として知られており、食品ロス削減に取り組む企業は徐々に増えています。

未利用魚の活用については、株式会社MUGENが運営する居酒屋「築地もったいないプロジェクト 魚治（うおはる）」（2015年〜）や、大阪湾の未利用魚をインスタントラーメンのスープに活用したエースコックの「もったいないをおいしいに」シリーズ（2022年10月に第1弾を発売）などの事例もあります。

あなたのまわりにも、「もったいないを、おいしいに」へと変換できる何かはありませんか？　ぜひ探してみてください。

未利用真珠を金魚真珠に

未利用魚ならぬ未利用真珠に「金魚真珠」という名前を与え、サステナブルジュエリーとして大成功した事例もあります。

名付け親の尾崎ななみさんは、パールジュエリーブランド「SEVEN THREE.（セブンスリー）」のクリエイティブディレクターであり、同ブランドを運営する株式会社サンブンノナナの代表取締役社長です。伊勢志摩で70年以上の真珠養殖歴を持つ祖父の協力を得て、この事業に取り組んでいます。

伊勢志摩は真珠の産地として知られていますが、年々後継者が減少し、職人も高齢化しています。

2019年からはアコヤ貝の大量死が続き、生産量も落ち込んでいました。

尾崎さんは高校卒業後に上京して、モデル・タレント活動をしていました。ただ、祖父を通して養殖業の厳しさを見てきたため、「伊勢志摩産のあこや真珠を守り、生産者の支

「金魚真珠」を使ったジュエリー「百花」

出典：株式会社サンブンノナナ

援につながることをしたい」という思いがあったといいます。

伊勢市のPR活動に携わったことがきっかけで祖父の仕事を手伝うようになり、丸い形に尾びれのような突起がついた真珠が存在することに気がついたのです。

祖父に聞くと「真円以外、業界では取り引きをしてもらえない」と言われました。

しかし、まるで金魚が泳いでいるようで、とてもかわいらしい――。自然が生み出す形で、同じ真珠はひとつとしてない。

すっかり魅了された尾崎さんは、「唯一無二の稀少な真珠」として、規格外とされていた真珠を買い取り、ジュエリーを作ることにしたのです。

2019年8月に「金魚真珠」をフィーチャーした「百花（ひゃっか）コレクション」を発表したところ、ブランドの売上は大幅に伸び、翌年には約3倍に増加しました。

2020年3月には「金魚真珠」として商標登録を完了。

2020年1月には「令和元年度選定商品 三重グッドデザイン賞」を、2023年4月には「ソーシャルプロダクツ・アワード2023 審査員特別賞」を受賞し、高い評価を受けました。

「金魚真珠」はカジュアルな服装にもマッチし、真円真珠は上品すぎて興味を持っていなかった若者や男性からも人気を博しています。

同じ真珠がないからこそ集めたくなり、リピート購入する顧客も増えているそうです。

「金魚真珠」は、その個性的な形から身に着けていると声を掛けられることが多く、ブランドストーリーを伝えることで会話が広がるといいます。

これも「応援消費」したくなる商品の特性です。

熱い気持ちを語ることが応援消費に繋がる

2022年5月、サントリーの缶コーヒー「BOSS」が、人気スマホアプリゲーム「ウマ娘 プリティーダービー」とのコラボキャンペーンを実施しました。

「ウマ娘 プリティーダービー」とは、Cygamesが運営する育成シミュレーションゲームです。実在する競走馬を擬人化した「ウマ娘」が、「日本ダービー」など実在レースに出走し勝利を目指すという競馬の要素を取り入れたことがウリになっています。

キャンペーンの内容は、期間中にサントリーBOSS公式Twitter（現・X）のアカウントをフォローし、対象ツイートをリツイートすることで、「ウマ娘」がゲーム内で身に着けているトレセン学園ジャージのデザインを模した加速スキル付き「ボスジャン」が10名に当たるというもの。

この時、サントリーの商品企画担当が「BOSS担当者の想い」という文章を発表し、大きな話題となりました。その文章はまさに「推し」へのラブレターと言ってもいい内容でした。

この企画の担当者が「ウマ娘 プリティーダービー」に対しての熱い想いと、このコラボ企画が実現するまでのプロセスを書き綴(つづ)ったものです。

冒頭、「突然ですが、僕はウマ娘が大好きだ」から始まり、「ウマ娘」との出会いやハマっていった過程、作品の魅力などが熱く語られます。

上司にこの企画をプレゼンする時も、「BOSSは『働く人の相棒』として長年、沢山の方に愛飲されてきた。働く人。それは全力で走っている人。つまり実質ウマ娘じゃないか??」というロジックで強引に説得したという裏側まで書かれているのです。

そしてラストは、「担当者が個人的に好きすぎて、今年のBOSSはウマ娘コラボ!」で締めくくられています。

全文はキャンペーンサイトで公開され、スポーツ新聞の全面広告（15段）に小さな級数でびっしり手書きで書かれた「愛の1万字広告」や交通広告にもなりました。


一般的に、企業とキャラクターがコラボする際には、もともとの作品のストーリーや世界観に即してキャンペーンのコンセプトを立てるのが普通です。

しかしながら、そのコンセプトが熱狂的なファンには魅力を感じられないものになっているケースも散見されます。

熱狂的なファンであればあるほど、企業がその作品やキャラにどれだけの愛情があるかを敏感に察知するからです。そうなると、いくら有名キャラを使っても思ったような効果は生まれません。

その点、「BOSS」と「ウマ娘 プリティーダービー」とのコラボキャンペーンの場合、BOSS 担当者の方の「この作品が好きだからコラボレーションしたい！」というストレートな想いは、ウマ娘ファンからも好意的に受け止められたのです。

このように「推し」への愛を熱く語った文章は人の心を動かします。

それは、あなたが扱っている商品であっても同様です。

あなたがその商品に強い推しの気持ちがあるなら、その魅力や商品が出来上がるまでのプロセスを熱く語ってみてはいかがでしょう？

「紋別タッチ」の明暗

この章の最後に、「応援消費」として素晴らしい取り組みでありながら、苦い教訓も残した「紋別タッチ」について触れたいと思います。

「紋別タッチ」とは、羽田空港から1日1便のみのオホーツク紋別空港行きのＡＮＡ便に搭乗し、空港内で30分ほど過ごしてそのまま羽田空港行きのＡＮＡ便で帰ってくる行動のことをいいます。

マイル修行僧と呼ばれる人々は、マイルを効率よく貯めるために、タッチ&ゴーあるいは修行と呼ばれる弾丸旅行をすることがあります。２０２１年夏頃から、その修行先として紋別を選ぶ人が急増し、メディアでもたびたび取り上げられるようになったのです。

羽田―紋別便は通常運賃で往復約9万円、時間も4時間ほど（片道約1時間45分）かかります。コロナ禍で海外には行きづらいとしても、那覇空港などもっと便数の多い目的地もあるのに、なぜオホーツク紋別空港が脚光を浴びたのか――。

実は当時、羽田―紋別便はコロナの影響で搭乗率が半減し、減便の危機にありました。紋別市の病院には東京から医師が出張してきているため、減便になると市民の健康にも関わります。

そこで立ち上がったのが、地元ホテルやオホーツク紋別空港の関係者です。航空マニアのコミュニティの協力を得て、修行僧に紋別便を利用してもらうためのキャンペーンを実施。搭乗者のお出迎えとお見送り、5回以上タッチした人はランキングボードに名前を記載、ステッカーのプレゼントといった温かみのあるおもてなしが評判となり、多くの人が「紋別タッチ」に訪れるようになりました。

ところが2022年12月、関係者が贈賄の疑いで逮捕され、「紋別タッチ」の取り組みは大幅に縮小されてしまったのです。

紋別便を盛り上げようとボランティア精神で関わってきた人々にとって、このニュースがどれほどつらいものだったかは想像に難くありません。

売り手と買い手の感情的な結びつきを伴う「応援消費」において、スキャンダルの影響は深刻です。「応援消費」を促進する側は、常に透明性と誠実さを保つ必要があるということを、改めて痛感させられました。

5章まとめ

- オタクから推し活へ。推しのためなら見返りがなくてもお金は出せる。
- 韓国発祥のセンイル広告が日本でも「応援広告」として増殖中。
- コロナ禍が「応援消費」がトレンドに。誰かのドラマに参加するような感覚が重要。
- 「5670プロジェクト」の成功は、魚を売るだけでなく「魚のさばき方」のオンライン教室をセットにしたことが肝。
- フードロスが多い日本では「もったいないを、おいしいにする」というコンセプトは受け入れてもらいやすい。
- 規格外のものを「かわいい」に変換できると売れる可能性がある。
- 熱い気持ちを語ることが応援消費に繋がる。
- 感情的に結びつきで売れる応援消費に嘘（うそ）・偽り・不正があると取り返しがつかない。

6章

今、なぜ
昭和レトロ家電が
売れるのか？

「エモい」感情が生まれると
「利用したい」「買いたい」が芽生える

キーワード

レトロエモい

昭和の懐かしさで再生した遊園地

本書が出版される頃には令和6年を迎えています。

令和時代に入ってから、空前の「昭和・平成レトロブーム」が続いています。

その代表格といえば、2021年にリニューアルオープンした「西武園ゆうえんち」（埼玉県所沢市）です。

100億円という、テーマパークのリニューアル費用としては限定的な予算で、またコロナ禍という悪条件も重なりましたが、見事な復活を遂げました。

目玉は1960年代の街並みを再現した「夕日の丘商店街」や、昭和を代表する怪獣であるゴジラのアトラクション「ゴジラ・ザ・ライド」。

まさに「昭和レトロ」が人々を引き付け、リニューアルによってチケット売上が13倍にもなったそうです。

同園のリニューアルを手がけたのは、USJ（ユニバーサル・スタジオ・ジャパン）再建の立役者として知られる森岡毅（つよし）さんが率いるマーケティング会社「刀（かたな）」です。

2020年で創業70周年を迎えた「西武園ゆうえんち」は、全盛期は194万人の来場者数を記録していたものの、近年は4分の1ほどに減少していました。

森岡さんはリニューアルのコンセプトとして、60年代の日本をベースにした「心あたたまる幸福感に包まれる世界」を設定。同園の「古さ」を「懐かしさ」に昇華させることで、既存の設備を生かしながらの復活を目指しました。

当初、森岡さんがリニューアルのターゲットとしたのは母親層でした。幼少期の幸福感を思い出させる舞台設定を作り上げることで、懐かしさを引き金としてエモーショナルな感動を発生させようと考えたそうです。ところが実際に調査をしてみると、来場意向が最も高かったのは10～20代の若者でした。

60年代とは無関係と思われる若年層（いわゆるZ世代）が、なぜこのようなノスタルジー施設を「エモい」と感じるのでしょうか？

それは映画・ドラマなどさまざまなメディアで60年代の日本が取り上げられているため、実際には生まれていないにもかかわらず、新しさと懐かしさを同時に感じられるエモい場所になっているのでしょう。

もちろん実際に60年代を体験した年配者も取り込めるということで、老若男女問わず幅広い世代が楽しめる施設になるわけです。

ということで、本章のキーワードは「レトロエモい」です。

「レトロ」は、昔懐かしいアイテムやノスタルジックなテイストのデザインに対して使われる言葉で、このところ10～20代の若年層の間で継続的に人気を集めています。「大正レトロ」「昭和レトロ」「平成レトロ」などの言葉で表現されることもあります。

「エモい」は、2006年頃から若者の間で使われ始めたとされる言葉で、諸説ありますが「エモーショナル」が由来と言われています。

共感、感動、切ない、懐かしい、ノスタルジックなど、「うまく言葉に表せないけれど感情が動いたとき」に使われます。

このような感情が生まれると、人は多少価格が高くなっても「利用したい」「買いたい」という気持ちが芽生えるのです。

最新の商業施設に必ず横丁がある理由

最近できた商業施設に行くと気づくことがあります。

それは必ずといっていいほど、ひとつの場所に何軒もの小さな飲食店が集まる、いわゆる「ネオ横丁」と呼ばれるような飲食施設があるということです。

なぜでしょう？

もともと「横丁」とは、市街のメインとなる通りから、横に入り込んだ路地に小さな飲食店が連なる通り道のことをさしました。

新宿の「思い出横丁」、吉祥寺の「ハーモニカ横丁」など、第二次世界大戦後の闇市から発展した「横丁」も残っています。

「ネオ横丁」とは、かつての「横丁」をイメージした、屋内に小さな飲食店が集まった施設のことを言い、２００８年に東京・恵比寿にできた「恵比寿横丁」が、「ネオ横丁」の先駆けになった施設だと言われています。

「恵比寿横丁」を手がけたのは、株式会社浜倉的商店製作所の社長でレストランプロデューサーの浜倉好宣（よしのり）さん。当時、魚屋１軒を残して真っ暗なシャッター通りとなっていた恵比寿駅近くの公設市場を見て、「この昭和の雰囲気が残る通りに、個性的な飲み屋が並んでたまり場のようになったら、活気が生まれ、世代を超えたコミュニティの場を提供することができる。その結果として『古き横丁文化』を次世代に繋げることができるのでは？」と思いついたといいます。

そしてできたのが、広さ3〜4坪の小規模な飲み屋が20軒ほど立ち並ぶ、まさに昭和の横丁を感じる「恵比寿横丁」でした。

この施設は若者を中心に想定以上に大繁盛しました。そこから各地に「ネオ横丁」が作られることになったのです。

ちょうどその頃から、若者を中心にSNSで身近な出来事を発信するという文化が定着し、その後インスタ映えという言葉も誕生しました。

そんな若者たちにとって、体験したことがなかった横丁の雰囲気は、昭和レトロでエモいスポットだったのです。

2020年8月、東京・渋谷のミヤシタパーク内で開業した「渋谷横丁」を手がけたのも、「恵比寿横丁」と同じ浜倉的商店製作所です。

コンセプトは「新旧の日本文化が交差する次世代体感型エンターテイメント横丁」。19

渋谷・ミヤシタパーク内の「渋谷横丁」

店舗が並び、エネルギッシュな昭和の商店街を蘇らせた「渋谷横丁」は、オープンから同年12月まで1日あたり数千人の人出で賑わいました。「渋谷横丁」の成功で、同社は外食記者会が選ぶ「外食アワード2020」を受賞しました。

2023年5月、G7広島サミットに先駆けて来日したイギリスのリシ・スナク首相が、「渋谷横丁」内の居酒屋を訪れて食事を楽しんだことでも話題になりました。

商業施設の中に、かしこまった飲食店しかないと、どうしても画一化してしまいがちです。一方、このような「横丁的なスペース」があると、お客さんはエモさを感じて寄りたくなります。その結果、賑わいや活気が生まれる可能性が高くなる。

それが、最近の商業施設に「ネオ横丁」が組み入れられている大きな理由だと考えられます（もちろん工事費や不振店を入れ換えやすいなど経済的な側面も大きいと思われます）。

昭和のかおりがするレトロ家電が大ヒット

昭和時代を過ごしたことがある方にとっては逆に衝撃的かもしれませんが、今、昭和レトロ風の家電が復刻されて大ヒットしています。

昭和を知らない世代にとっては「レトロエモい」と思うようです。

象印マホービンの「象印復刻花柄シリーズ」は、まさに昭和の食卓に置かれていた花柄ポットを復刻販売したものです。

花柄ポットは、もともと1967年に発売され、食卓が華やかになるという魅力で爆発的にヒットします。ピーク時の1981年には、なんと年間約2000万本売れたこともあるそうです。

「象印復刻花柄シリーズ」のマホービンとマグ

出典：象印マホービン株式会社
※販売状況についてはHPをご確認ください。

復刻版販売のきっかけは、パソコンやスマホの壁紙用コンテンツで、昔のポットの花柄を提供したことでした。それがSNSで話題を集め、「かわいい」「復刻してほしい」といった声が届くようになりました。

そこで復刻版の発売を企画。2020年11月にオープンした直販ECサイト「象印ダイレクト」に限定商品として「象印復刻花柄シリーズ」を3種発売しました。

昭和世代からは「懐かしい」という声が、若者からは「花柄がかわいい」と、デザイン性を評価する声が多かったといいます。

それが翌2021年7月に「象印さん、話が分かる。昭和のデザインで今の機能性の物がほしかったの！」というツイートがバズったことから注文が殺到。なんと1日でECサイトの月平均受注数を超える注文があったとのことです。

その後も復刻版の「花柄ポット」は安定的な人気を獲得し続け、幅広い年齢層に支持されています。

続いてご紹介する小泉成器の「ミニ扇風機」は、まさに昔懐かしいレトロな青い羽根の扇風機。

風量ボタンは大きく、弱・中・強の3段階。ボタンを押すと昭和の扇風機さながら「カチッ」と音がします。最大180分の切タイマーはつまみの形をしていて回すと「ジリジリ」と音がします。自動首振りの調整は後ろのつまみを引く設定。いずれもザ・昭和な扇風機の特徴です。

ただサイズは高さ約40センチとミニサイズなので、足元やデスク周り、卓上で使いやすいのが新しいポイントと言えるかもしれません。

価格は6980円（税込）と特別安いわけではありませんが、2023年5月に発売されるやいなや、SNSを中心に話題が沸騰しました。

昔懐かしいレトロな「ミニ扇風機」

出典：小泉成器株式会社

同社の他の商品と比べると、2倍ほどのペースで売れているそうです。

レトロブームというものは、自分の時間軸と離れているほど、その時代の文化やデザインにお洒落さや新しさを感じ、心を揺さぶられるのかもしれません。

２０１９年に平成が終了したことを考えると、今後は「平成レトロ」「平成ノスタルジア」と言うべきデザインが、新たなヒットを生み出す可能性もあるでしょう。

クラシックデザインの最上位チェキが売れる

富士フイルムの「チェキ」は、平成時代に一世を風靡したインスタントカメラです。スマートフォンが登場する前の１９９０年代、撮ったその場でプリントできるチェキは、女子高生の間で大ブームになりました。

しかし２０００年代、デジカメの普及とともにチェキの販売も一時落ち込みましたが、２０１２年、世界で一番かわいいインスタントカメラとして発売した「INSTAX mini 8」を機に再びヒットを飛ばします。「INSTAX mini 8」はピンク、ブルー、ホワイト、イエローなどのパステルカラーを採用し、若年層を中心に人気を集めました。また、フィルム撮影を経験したことがない世代にとって、アナログな撮影体験は逆に新鮮で、チェキプリントならではの温かみのある画質も好まれました。

その後も新製品の発売は続き、２０２１年には10種類のレンズエフェクトと10種類のフ

クラシックデザインが特徴の「INSTAX mini Evo」

出典：富士フイルム株式会社

ィルムエフェクトを組み合わせることで100通りの写真表現ができる「INSTAX mini Evo」が登場。高級感あるクラシカルなデザインも特徴です。

販売価格は2万5800円（税込）と高価にもかかわらず、幅広い層に受けヒットしました。

「mini Evo」のこだわりは、「持っているだけで嬉しくなるカメラ」。ダイヤル操作でエフェクトを選択し、プリントするときはレバーを引くなど、手触りのある操作感も特徴となっています。

開発チームとしては、プリントレバーなど「本当にいる？」と思うパーツもあったといいます。しかしユーザーの意見を聞くと、「ボタンを押すだけでプリントできるよりも、レバーを引く〝ひと手間〟が使用感として良い」という答えが返ってきたそうです。その方が、銀塩カメラのフィルムを巻き上げるレバーをいじっているような気分になれるから、と。

クラシックカメラならではのレザー調の質感に、気品のある佇まい。デザインだけでなく、レンズダイヤルやフィルムダイヤル、プリントレバーの操作音やアナログな操作感をとことん追求したことが、「mini Evo」のヒットの秘訣だったのではないでしょうか。

令和の今、なぜレコードプレーヤーが売れるのか？

多くの人がスマホでサブスクの音楽を聴く時代、レコードプレーヤーの人気が若年層の間で高まっています。

いかにも「昭和レトロ」なデザインのものもありますが、ここではネオレトロ感のある「サウンドバーガー」をご紹介したいと思います。

「サウンドバーガー」は、創業60周年を迎えたオーディオテクニカが、1982年に発売した同名のポータブル・アナログレコードプレーヤーを復活させた商品です。2022年

11月にオンラインストアのみで売り出したところ、発売するやいなや即完売。翌月の再販売でも瞬く間に完売しました。

アニバーサリー企画として「サウンドバーガー」が選ばれたのは、アナログレコードを知らない世代に、その魅力を伝えるコミュニケーションツールとして最適だという理由がありました。従来のオーディオファンにも注目されましたが、とくに目立ったのがZ世代の盛り上がりでした。

ネオレトロ感のあるレコードプレーヤー「サウンドバーガー」

出典：株式会社オーディオテクニカ

創業60周年記念イベントに設置したサウンドバーガーの先行販売エリアには、ポップカルチャーやファッションとしてレコードに興味を持つ若年層が多数来場。レコードをハンバーガーのパテのように挟み込んで回転させる再生方法が斬新だということで、非常に好評だったといいます。

その場ですぐにリアルな写真が手に入り、それを人にあげることもできる「チェキ」と、持ち運びが可能なレコードプレーヤーである「サウンドバーガー」は、どちらもコミュニケーションツールとして魅力的だという共通点があります。

デジタルとアナログの「いいとこ取り」を実現し、ユーザーに「レトロエモい」体験を提供できれば、そのガジェットはヒットの期待大と言えそうです。

「平成レトロ」なエコでエモい文房具がヒットの予感

書店の文具コーナーを見ていると、他にはないイラストのデザインで目についた商品群がありました。

それがプラスから発売されている「COE365（コエサンロクゴ）」です。

2022年2月に第1弾としてルーズリーフバインダーや修正テープを発売。23年2月には第2弾としてエコ対応紙ケース入り修正テープ、3色ボールペン、消しゴム、携帯はさみの4製品を発売しました。

最大の特徴は、パッケージに大きく描かれた学生時代の懐かしい風景のイラストです。

それぞれ「放課後の教室」「わたしの机の上」「朝の通学電車」「帰り道の口実」「雨の日

の帰り道」などのタイトルがつけられていて、商品の外箱などにあるQRコードを読み取ると、それぞれのイラストのイメージに合ったサウンドが聴けるという仕掛けが施されています。

加えて、再生プラスチックや古紙を使うなど全商品が「エコ」にも配慮している点も見逃せません。

商品コンセプトは「エモい」と「エコロジー」を合わせた造語「エモロジー」。

誰もが学生時代に一度は経験するであろう情景をイラストにして、懐かしいという感情を刺激するエモいサウンドをリンクさせる「イラストから音が聞こえてきそうな文房具」という世界観です。

ネーミングは、ECOという文字を組み替えて、365日の音という意味を持たせたものだといいます。

今までにない商品ということで、当初、量販店などのバイヤーに受け入れられず店頭に並べてもらえる店も少なかったそうです。

しかしECサイトで予想以上に売れたことから風向きが変わり、リアル店舗でも取り扱う店が増え、ヒット商品になりました。

今後ますます「平成レトロ」に「エモい」と感じる世代が増えてくるでしょう。そこにヒットの芽がある可能性が高いです。

泊まるだけでエモい廃校ホテル

今、全国各地に「廃校ホテル」が増えているのをご存じでしょうか？

「廃校ホテル」とは、もともと学校だった建物をリノベーションして宿泊施設にしたものです。

少子化の影響や地域の人口減少の影響で、全国で毎年約４５０校程度の学校が廃校になっているといいます。そのまま放置すると建物は傷み、犯罪などの温床になりかねません。かといって取り壊すには莫大な費用が必要であり、跡地の利用はすんなりと決まるわけではありません。

そこで「もともとあった学校を生かして宿泊施設にする」という試みが全国各地で行われています。

建物の基礎工事の必要はなく、水道、電気などのライフラインもあらかじめ整っています。教室として部屋が小分けにされてあることから、宿泊施設としてリノベーションしやすいのです。

もともと学校だったこともあり、地元の人たちにも認知度が高く、学校に泊まれるというエモさが大きな宣伝効果になります。

たとえば、宮崎県新富町にある「OIWAKE SDGs PARK」は、廃校になった新富町立富田小学校の追分分校をリノベーションしてできた宿泊施設です。

２０１２年に65年の歴史に幕を下ろし廃校となったのち、校舎は手つかずのまま放置されていました（体育館やグラウンドは町民に貸出）。

２０２０年、一般財団法人こゆ地域づくり推進機構が、空き家再生事業の一環として校舎の改修をスタート。２０２２年11月に、主にスポーツ合宿などを目的として一般公開されることになりました。

黒板やクラス名など、学校の面影を残しつつもまっさらにリニューアル。10人以上が泊まれる大部屋から、指導者向けを想定した２人部屋までさまざまなタイプの部屋を用意、ランドリーやシャワー室も充実しています。また研修・授業に利用できる講義室があり、合宿型ワークショップなどさまざまなイベントで活用されているのも特徴です。

オリジナル商品や給食風メニューも人気な廃校跡「道の駅」

千葉県鋸南町（きょなんまち）にある「道の駅 保田小学校」は、2014年に廃校となった町立保田小学校をリノベーションして、道の駅として再利用した「都市交流施設」です。

学校跡地についての利用はさまざまな意見が出されましたが、高速道路のインターチェンジから近く、東京都心からアクアライン経由で1時間半弱とアクセスが良いことから、「道の駅」にするという構想が生まれました。とはいえ、房総半島だけでも12の道の駅があることから何かユニークな個性が必要でした。

そこで町が考えたのは、できるだけ校舎を残し、廃校利用を前面に出してアピールするというアイデアだったのです。

グラウンドは広場や駐車場に、体育館は「きょなん楽市」という直売所になりました。

都市交流施設・道の駅 保田小学校「学びの宿」

出典：都市交流施設・道の駅 保田小学校

地元特産品の販売はもちろん、100種類以上もの「道の駅 保田小学校オリジナル商品」（お菓子や文房具）が置いてあるのが特徴です。ここでしか買えない商品ばかりなこともあり、多くのお客さんが買っていきます。

校舎1階の教室は「里山食堂」や「cafe金次郎」といった飲食施設やギャラリーになりました。「里山食堂」には「保田小給食」という定番メニューがあります。味も見た目もかつての給食そのもの。

職員室だった場所の2階は温浴施設「里の小湯」になり、校舎棟2階の教室は「学びの宿」という宿泊施設になりました。黒板、机、椅子、ロッカーなど教室の面影そのままの客室に泊まれるので、大人は何ともいえない懐かしさを、子どもはいつもの学校に泊まる非日常性を感じられるということで、とても人気があります。

２０１５年12月にオープンすると、その「小学校感」満載の施設がエモいとＳＮＳで話題になり、メディアにも多数取り上げられました。

その結果、休日はいつも駐車場が満車になるほどのお客さんが押し寄せ、初年度目標の年商２億７０００万円を半年で達成したのです。

さらに２０２３年10月には隣接した場所に「道の駅保田小附属ようちえん」がオープンしました。

こちらは旧鋸南幼稚園の跡地をリノベーションしたもの。宿泊施設はありませんが、旧職員室で働けるコワーキングスペース「まちのオフィス」やいくつかの飲食施設があるのが特徴です。

コピーライターの視点から言うと「道の駅 保田小学校」「道の駅保田小附属ようちえん」とネーミングのセンスが素晴らしいですね。

「道の駅」と「小学校」という化学反応がある言葉を結びつけつつ、施設の特徴がひと目でわかるからです。

学校に限らず、病院、銀行、商店、工場など、元の施設の内装などをそのまま残しつつリノベーションすると、「レトロエモさ」を感じるお店や施設にすることができるのでオススメです。

その場合、元の施設がすぐわかるネーミングをつけ、世界観を引き継ぐことが重要です。

レトロエモいは書体にまで

テレビアニメ版『鬼滅(きめつ)の刃(やいば)』では、登場人物の名前が紹介されるときに、力強く荒々しい書体の毛筆フォントが使われていました。

このフォントを作ったのは、鹿児島県さつま町でオリジナルの毛筆フォント（書体データ）を制作・販売する「昭和書体」という会社です。

現在の社長は3代目の坂口大樹さん。テレビ番組のテロップやＣＭ、お酒やお菓子のパッケージ、ゲーム画面の文字やマンガのタイトルなど、さまざまな場面で同社のフォントが使われています。

「昭和書体」の毛筆フォントのほとんどを手がけたのは、創業者の故・綱紀栄泉さん。かつては看板に文字を手書きする揮毫職人でしたが、技術の進歩によって看板もフォントによる出力に変わり、注文が激減しました。

現会長の坂口茂樹さんは「このままでは誰にも真似できない父の文字が失われる」と考え、綱紀さんの書をベースにフォントを作ることを思いついたといいます。

２００４年に商品化すると、和の雰囲気を演出する文字が評判になり、２０１３年にはフォント専門の株式会社を設立することに。１つのフォントには約７０００字が必要になるため、綱紀さんは１日50～２００文字のペースで元となる文字を揮毫し、60を超える書体を世に送り出しました。

近年、若年層の手書き離れが加速していると言われますが、手書き文字や筆文字の需要がないのかというと、決してそうではありません。

ゲームやマンガ、テレビやYouTubeといったメディアで多用される筆文字フォントは、筆の勢いが独特の迫力を生み出し、見る人の感情を揺さぶります。むしろ若者にとっては「カッコいい」「エモい」と言える存在になってきているのではないでしょうか。

２０２０年には「昭和書体」のフォントがさつま町のふるさと納税の返礼品に選ばれま

した。

『鬼滅の刃』で使われた「闘龍（とうりゅう）」、「陽炎（かげろう）」フォントはそれぞれ2万4000円の寄付者が対象。「昭和書体」が手がけた全書体（毛筆和文92書体、欧文114書体、梵字フォント4書体）のセットは、寄付額11万円とのことです。

レトロブームの追い風もあり、毛筆フォントの活躍の場はますます広がっていくことでしょう。

また書体以外にも、若い世代にとって「レトロエモい」と思う対象は色々ある可能性が高いです。ぜひ考えてみてください。

かつての定番商品にプラスαでヒット商品に

自社の定番商品や、レトロ感のある商品に新機軸を加えて売り出したところ、想定外の大ヒットにつながった――という事例をご紹介しましょう。

2021年9月の発売直後から想定を上回る注文が相次ぎ、一時休売するほどの大ヒッ

アサヒ生ビール

出典：アサヒビール株式会社

トとなったのは、「アサヒ生ビール（通称マルエフ）」です。

生産体制を整え同年11月に販売を再開すると、21年の累計販売数量は目標の１５０万ケースを大きく上回り、２０１万ケースを達成しました。

パッケージやCMで「復活の生」を謳っている通り、「マルエフ」は１９８６年に〝コクがあるのに、キレがある。〟というコンセプトで発売されたビールをリブランディングしたものです。１９９３年に缶と瓶の販売を終了し、飲食店向けの樽生のみが出荷されていたため、知る人ぞ知る通好みのビールというイメージをお持ちの人もいるかもしれません。

ちなみにマルエフとは社内で隠語として使う開発記号のことで、Fは幸運や富を意味する「FORTUNE（フォーチュン）」からきているといいます。

開発チームのインタビューによると、「マルエフ」リブランディングのコンセプトは

「ぬくもり」とのこと。「コロナ禍で人と人とのつながりが希薄になっているこの時代に、多くの人に愛されてきたマルエフで日本を元気にしたい」という想いのもと、パッケージには不死鳥のモチーフが描かれています。

日清食品の「0秒チキンラーメン」も、定番品に新たな価値を加えて、大ヒットした商品です。

2022年4月に発売スタートしたところ、わずか1週間で当初の月間販売予定数量を達成。店頭では販売見込み数量の2倍以上のペースで売れ続けたため、4月27日に販売をいったん休止し、7月25日から全国で販売が再開されました。

「0秒チキンラーメン」は、「チキンラーメン」の麺を「そのままかじる」用に新開発した商品です。コピーライターの視点で語ると、商品名に入っている「0秒」という数字にインパクトがあります。

通常の「チキンラーメン」よりも塩分を約50％（麺100gあたりの食塩相当量から著者が算出）に抑えることで、そのままでも食べやすいあっさりとしたうす味に仕上げられています。

「チキンラーメンをお湯で戻さずに食べる」という食べ方は以前からポピュラーでしたが、この商品のポイントは「そのままかじる」という特徴を最大限に押し出したことでしょう。タレントの髙橋ひかるさんが無言でひたすら「チキンラーメン」を「かじる」CMも、消費者に強烈な印象を残しました。

懐かしい商品を現代風にアレンジしてバカ売れ

「昭和レトロ」な食べ物をヒット商品に生まれ変わらせたという点では、ファミリーマートの「生コッペパン」も秀逸でした。

2023年2月末から、わずか20日間で1000万食を突破。この記録は、2カ月で1000万食を突破した「ファミマ・ザ・クリームパン」を上回るハイペースだったそうです。

中高年層からするとコッペパンは学校給食のイメージが強く、おいしさよりは懐かしさを感じる食べ物かもしれません。

しかし近年は、「パンの田島」のようなコッペパン専門のチェーン店が登場するなど、そのレトロ感が若年層にも受け入れられています。そこに目をつけたファミマの開発部は、「懐かしいのに新しい」をコンセプトとして、コッペパンの新解釈に取り組むことにしたのです。

そして、今までのコッペパンにない新しい部分として、食品においてトレンドのワードである「生」という言葉を商品名に入れることにしました。もちろん商品名と相違ないように「しっとりした食感」を出すためにはさまざまな苦労があったといいます。この「生コッペパン」というネーミングは、コンセプトにもなっていて、ヒットに繋がった可能性が高いです。

興味深いことに、発売後は購入層にも変化が見られました。

これまでコッペパンを使った商品は40～50代の男性が買うことが多かったのですが、女性客の購入が8～9％も増加したそうです。

ずっと販売し続けてきたロングセラーの商品も、リブランディングによって消費者に「懐かしいのに新しい」と思わせることができれば、従来とは異なる客層へとリーチを広げることができます。

自社商品をそんな形で変身させることができないか、ぜひ考えてみてください。

6章まとめ

- 空前の「レトロエモいブーム」で、「昭和レトロ」をテーマにした遊園地が大当たり。
- 「ノスタルジー」「エモい」感情を呼び起こすことができれば人はお金を出す可能性が高い。
- レトロ家電がヒット。体験していない世代からすると「昭和のデザイン」はエモい。
- チェキのようにかつて大ヒットした商品を、デジタルとアナログの「いいとこ取り」して現代風にアレンジすると再び売れる可能性がある。
- 今後ますます「平成レトロ」に「エモい」と感じる世代が増えてくる。
- 廃校ホテルのように、以前の世界観を残して施設として利用するべし。その場合、ネーミングが重要。
- 「レトロエモい」の対象は「書体」のようにニッチなものでもあり。
- 「かつての定番商品にプラスα」「懐かしい商品を現代風にアレンジ」という方法に勝機あり。

7章

ガチ中華が魅力的に感じるのはなぜ？

本物にだったら人はお金を出す

キーワード

ガチニッチ

YouTubeによってバカ売れしたガラスペン

「ガラスペン」という存在をご存じでしょうか？

その名の通りガラスで作られた筆記具で、ペン先をインクに浸して書く「つけペン」の一種です。１９０２（明治35）年に風鈴職人である佐々木定次郎によって考案された日本発祥の筆記具だと言われています。

万年筆に比べると機能性は劣りますが、見た目の美しさに加え、独特の心地よい書き味、普通のつけペンよりインク持ちが良い（1回インクをつけるとハガキ1枚程度書ける）などといった理由から、イタリア・ドイツ・フランスなど、世界中に広まっていったといいます。

しかしながら第二次世界大戦後のボールペンの普及で、日常生活ではあまり使われなくなってしまいました。

そんなレトロかつニッチなアイテムが、老舗書店・有隣堂のYouTubeチャンネル「有隣堂しか知らない世界」で紹介されたことをきっかけに大ヒットしたのです。大量生産できないため、取扱店や人気工房では品切れや完売状態が続くほどでした。

「有隣堂しか知らない世界」は2023年11月時点で、登録者数26・4万人の大人気チャンネルです。

開設当時は本を紹介するチャンネルでしたが、登録者数が伸びなかったため、3カ月後にリニューアル。「商品愛の強いスタッフに登場してもらい、その魅力を情熱的に語ってもらう」という方針に転換したといいます。

そのリニューアル1発目に登場したのが、「文房具王になり損ねた女」の通り名を持つ岡﨑弘子さん。文具愛あふれる岡﨑さんと、MCを務める毒舌キャラクター「ブッコロー」のやり取りは評判となり、急激に登録者数が増え始めました。

話題の火付け役となった記事のタイトルは、〈「ぶっちゃけAmazonで買った方が安くない？」大手書店チェーン・有隣堂のYouTubeチャンネルが正直すぎて面白い〉。

「ぶっちゃけ……」というブッコローの発言が飛び出したのが、岡﨑さんの「推し文具」であるガラスペンを紹介した動画だったのです。

この動画「【飾りじゃないのよ】物理の力で文字を書く！ ガラスペンの世界 ～有隣堂しか知らない世界002～」では、インクにつけるだけでペン先の溝にインクが吸い込まれていく「毛細管現象」の美しさや、水でさっと洗うだけできれいになり、すぐに別の色のインクが使えるというメリットなど、ガラスペンの魅力や実用性が楽しく紹介されていました。

２０２３年11月時点で、再生回数は１０７万回を超えています。

ニッチすぎるアイテムでも、それが本格的なもので、その商品を心から愛するマニアや専門家の「正直なレビュー」という後押しがあり、それをＳＮＳを介して広く伝えることができれば、これだけの新たな需要を喚起することができるのです。

ガチ中華が東京各地に増殖中

一昨年くらいから「ガチ中華」という言葉をよく聞くようになりました。テレビなどでも頻繁に特集されています。

そもそも「ガチ中華」とは、日本人好みの味にアレンジした従来の「中華料理」ではなく、本場そのものの中国料理のことをさします。

ザリガニ、カエル、鴨（かも）の血、豚の脳みそといった食材を使った料理や、唐辛子をたっぷり使った「麻辣（マーラー）」と呼ばれる味付けの四川（しせん）料理など、日本人にはちょっとハードルが高いものもそのまま出てきます。

そもそもの対象は在日中国人で、オーナーも料理人も配膳人も中国語圏出身であることが多く、メニューも中国語でしか書かれていないので、カンで頼むと何が出てくるのかわかりません。

ところが、そんな本物感や専門性が日本人にも受けて、「海外旅行気分を味わえる」「新たな食体験が楽しめる」と大人気になりつつあるのです。

東京では池袋、新宿、高田馬場、上野など、在日中国人が多く住む地域で「ガチ中華」店のオープンが相次いでいます。

全国にも波及していくのは時間の問題でしょう。

さらにそれは中華だけでなく「ガチベトナム」「ガチブラジル」という風に他の国にも波及して、「ガチ国グルメ」がブームになってきています。

ということで、7章のキーワードは「ガチ（本格的）」「ニッチ（専門的）」を合わせた「ガチニッチ」です。

どんなものでも揃う時代だからこそ、人は、専門的であったり、本格的なものであったら多少高くてもお金を払うという気持ちになります。
「ガラスペン」や「ガチ中華」がもてはやされるのも、このような心理からだと考えられます。

高価格の専用調理器具はなぜ売れるのか？

トースターや炊飯器といったおなじみの家電も、「ガチニッチ」を極める方向性で高価格化に成功した事例があります。

蒸気で仕上げるスチームテクノロジーで、焼きたてパンのような究極のトーストが焼ける――。そんな評判で大人気となった「BALMUDA The Toaster」から、2022年9月に7年ぶりの新製品「BALMUDA The Toaster Pro」が誕生しました。

従来品と「Pro」の一番の違いは、パンや料理の表面に焼き目をつける仕上げ焼き用の「サラマンダーモード」が搭載されたこと。サラマンダーとは、料理のプロが食材の表面だけに高温の上火を当て、仕上げのための「焼き」を行う調理器具です。

「BALMUDA The Toaster」(左)と
「BALMUDA The Toaster Pro」(右)

出典:バルミューダ株式会社

「サラマンダーモード」は火力を上火に一極集中させることで、トーストの表層0・55㎜に強い焼き目をつけます。従来品は「給水口から水を入れる」という斬新なスチーム機能で未体験のふんわり感を実現しましたが、「Pro」では「サラマンダーモード」によって外はカリッと香ばしく、中はしっとり、ふんわりという、食感のコントラストを実現したわけです。

「サラマンダーモード」の導入を提案したのは、ザ・リッツ・カールトン日光や、マンダリン オリエンタル東京の厨房(ちゅうぼう)で腕をふるってきた岡嶋伸忠さんです。バルミューダの寺尾玄社長に誘われて、同社初のシェフとして2021年に入社しました。

家電メーカーにプロの料理人が参加するというのは非常に珍しいことだそうですが、「つくり手」の視点から同社のトースターをさらなる進化へと導いています。

価格はというと、従来品が2万9700円（税込）なのに対して、「Pro」は3万7400円（税込）。

高額トースターとして話題になったバルミューダが、さらに「高価格商品」になったことになります。

よりおいしくなるという根拠が、サラマンダーというニッチな調理器具から発想された機能であるというのは、興味深いですね。


炊飯器といえば、1万〜3万円の価格のものが一般的で、少しいいものでも5万円程度のイメージです。

しかし10万円以上の超高級炊飯器も根強い人気があり、市場の1割程度を占めるため、各社が自社の最新技術を駆使してしのぎを削っています。

その中でもタイガー魔法瓶の「土鍋ご泡火(ほうび)炊き JPL型」の評価は高く、2020年の発売以来、売上を伸ばし続けています。

最新機種は2022年7月に発売され、公式オンラインストアの販売価格は11万8800

円（税込）。土鍋ならではの炊き具合を実現するという、マニアックなまでの機能の追求が高価格化の決め手となっています。

この製品の最大の特徴は、内鍋に本物の土からできた蓄熱性の高い「本土鍋」を使用していることです。土鍋ならではの「最高温度約280℃」の高火力を実現し、約4倍の遠赤効果による輻射熱で甘みと旨みをじっくりと引き出すといいます。

また、これは「ご泡火」の由来でもありますが、土鍋特有の細かく均一な大量の「泡」がお米を包んで表面を守るため、表面はつややかで、もっちりとした食感に炊き上がるとのこと。

専用の土鍋中ぶたを用いることで、少量炊飯でも料亭のようなごはんが楽しめる「一合料亭炊き」機能や、70銘柄に対応した「銘柄巧み炊きわけ」機能もあり、まさに最上位機種というこだわりぶりです。

「BALMUDA The Toaster Pro」も「土鍋ご泡火炊き JPL型」もプロの本格的なテクニックを家で再現できるということが、かなり高くても買いたい気持ちを刺激するポイントになっているのです。

電動ベッドが若年層に人気

背もたれが動く電動ベッドというと、どのようなイメージでしょうか？

一般的には介護用をはじめ高齢者が利用するというものでしょう。

ところが、ここ数年、スタイリッシュな電動ベッドが出現し、高価格にもかかわらず若年層やファミリー層で人気を集めているといいます。

なぜでしょう？


それはコロナ禍以降、自宅での過ごし方や睡眠時間を見直す動きが広がったことがきっかけでした。

ひとり暮らしのワンルームの場合、ベッドを置いてソファを置くというスペースがなかなか取れません。その結果、睡眠以外でもリラックスタイムにベッドの上で過ごすことが多くなりがちです。

そんなとき、電動ベッドは大活躍してくれます。背中や脚の部分を上げられるので、寝ながら動画視聴やパソコン操作、読書がしやすいように姿勢を調節することができるからです。

また電動ベッドの中には、設定した時間になると背中や脚部分が動き、目覚めを促す目覚まし機能付きのものもあります。自動で体を動かし、自然に起床できるので、目覚ましのアラームではなかなか起きられないという方でも安心です。

ベッド・マットレスのトップメーカー、シモンズ株式会社が2023年3月に発売した音声対応機能付きマルチコントロール電動ベッド「シムレスト(SIMREST)」は、「ハローシモンズ!」の音声で起動し、「頭を上げて」「脚を上げて」「リラックスポジション」「テレビポジション」「いびき防止ポジション」「ライトを付けて(フットライト)」など21の音声コマンドに反応して駆動するのが特徴です。

シングルサイズで19万8000円(税込)という価格ですが、想定を5割上回るペースで売れています。購入者の中には20~30代も多いとのことです。

本格的な機能があり、それが自分の生活に彩りを与えてくれると感じたら、人は多少お金を出してでも買いたいと思ってくれるということでしょう。

職人技が感じられる「つめ切りプチ」

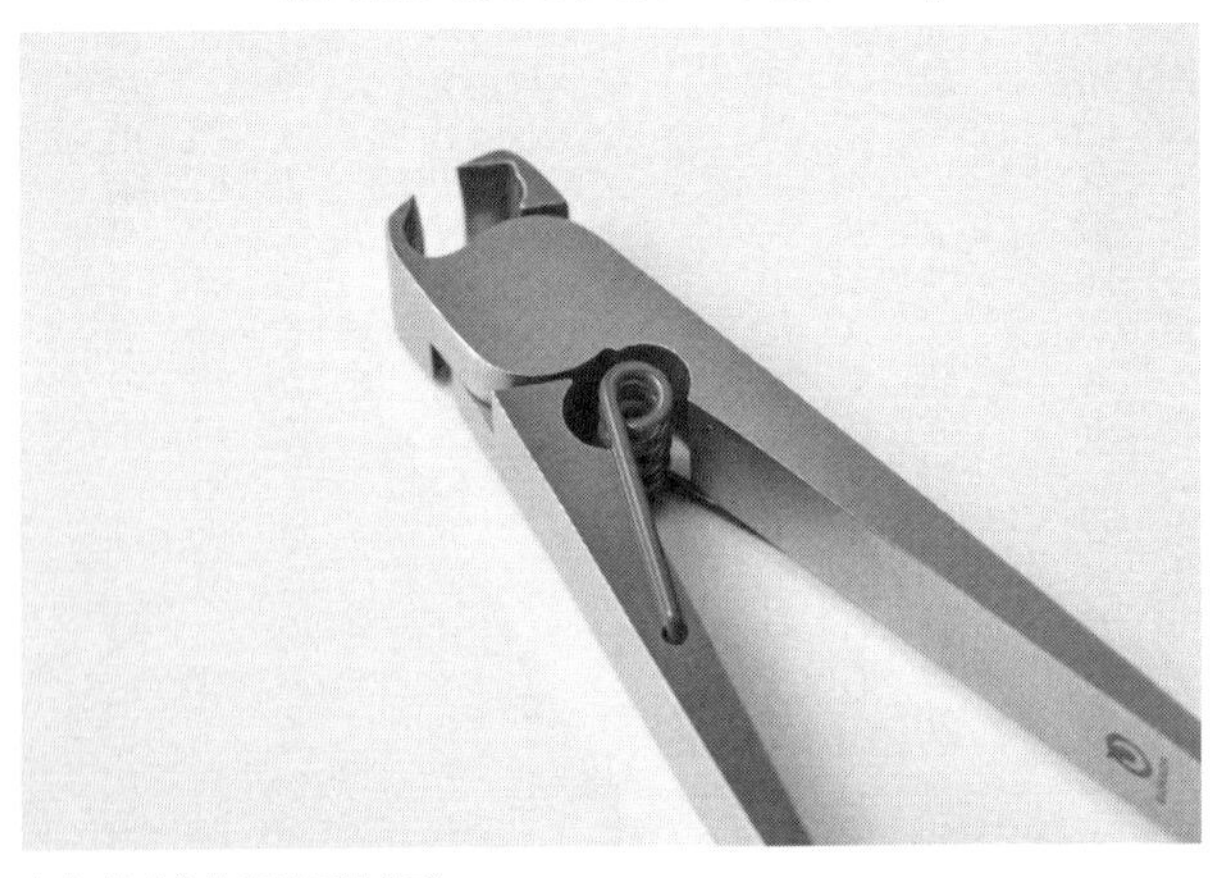

出典：株式会社 諏訪田製作所

6930円のガチ爪きりが大人気

爪きりというと、100均などで安くで買ったものを使いがちです。

そんな風潮の中、SUWADA（スワダ）の「つめ切りプチ」は6930円（税込）とかなり高価ながら、オンラインサイトでは品切れが続くほど売れています。

SUWADAは、新潟県三条市で1926（大正15）年から続く刃物メーカー・諏訪田製作所が手がけるブランド。刃と刃を合わせて切るニッパー型刃物の製造に特化しており、中でも材料選びから仕上げまで職人による匠の技にこだわった高級つめ切りが人気を博しています。

「つめ切りプチ」のキャッチコピーは「つめ切りは『面倒』から『感動』へ」。「合刃（あいば）」という工程で左右の刃がピッタリと合うように研かれているため、スパッと快感な切れ味で、切り口もヤスリがけがいらないくらい滑らかになるそうです。爪への負担が少ないので、爪の変形や二枚爪、ヒビ割れの防止にもつながるといいます。

このような本格感が、爪きりというニッチすぎる分野の商品ながら人気を集める秘訣でしょう。

あなたの会社も、みんなが安物で済ましている商品を、徹底的にこだわって感動するくらいの高級品を作ってみてはどうでしょう？

酷暑でガチ日傘が高くてもバカ売れ

ここ数年の猛暑で、夏場の「日傘市場」が急拡大しています。

レイングッズで国内トップシェアを誇る株式会社ワールドパーティーは、２０２１年に完全遮光１００％の「最強の日傘」を取り扱う新ブランド「ウーボ（ＵＶＯ）」（「ＵＶ（ユーブイ）ゼロ」にちなんでつけられた名前）を立ち上げました。

オンラインストア限定の展開、かつ1本7700円（税込）という値段にもかかわらず「ガチ日傘」と呼ばれ大人気。デザインも好評なことから「1万本売れたらヒット」と言われている傘業界において、初年度だけで2万3000本を売り上げました。

その人気ぶりから実店舗でも取り扱いたいという声も多く、2023年度からはロフトや東急ハンズなど一部店舗で卸売を開始しました。23年度は10万本の売上を見込んでいるといいます。

ワールドパーティーはこれまで、2000〜4000円代の低価格の日傘を中心に販売してきました。「SNSで他社の1万5000円以上の高級日傘が話題になっていた」ことからリサーチを開始。トップ企業のノウハウやスケールメリットを生かして、高級日傘に負けない機能を持ちながら7700円の「ウーボ（UVO）」を開発するに至ったといいます。

大げさな煽り文句が広告界にあふれる今、消費者の感情は「ガチ」と評価されるレベルでないと動かない——ということなのかもしれませんね。

サウナ専用メガネが売れてます

「ガチニッチ」な目の付け所が光った商品といえば、業界2位のメガネ販売チェーンJINSから2023年2月に発売された「JINS SAUNA（ジンズサウナ）」も見逃せません。

水陸両用ならぬ「サ陸両用メガネ」というニッチなコンセプトですが、発売されるや大人気。2023年上半期で、男性30～40代が購入した全40のJINS新作眼鏡のうち売上1位になりました。

「JINS SAUNA」はフレームとレンズに耐熱温度120℃の素材が使われ、レンズにはくもり止め加工が施されています。サウナ中でも視界がぼやけることがなく、フレームの素材が軽いので、汗をかいてもズルズルと滑りにくく快適です。

サウナでも使用可能と謳うためには、「耐熱120℃」というスペックを実現しなくてはなりません。これはかなり難しく、開発に約1年半かかったといいます。

もうひとつのこだわりは、サウナ専用ではなく「サ陸両用メガネ」であること。普段使いしやすいシンプルでおしゃれなデザインが選べるという点も、感度の高い30～40代のサウナ好きに受けたようです。

JINSはかつて、軽さと掛け心地のよさを追求した「Airframe」シリーズや、パソコンやスマホのブルーライトをカットして目にやさしい「JINS SCREEN」などで大ヒットを飛ばしました。しかし最近は、消費者の志向が多様化しているため、あえてニッチな商品の開発に力を入れているといいます。

何か専門的なものが支持される時代、サウナに限らず「〇〇専用の××」という商品はまだまだヒットの可能性を秘めています。

みんなの75点より、誰かの120点

多くの商品は万人受けを狙って失敗します。

逆に、100人に1人に刺されば十分という考え方で商品開発することで、予想外に売れるということもよくあります。

ディスカウントストアの「ドン・キホーテ」は、2023年11月より、普通のものと味付けや量が違う弁当や惣菜（そうざい）の新ブランド「偏愛めし」を立ち上げ、販売しました。

「偏愛めし」のコンセプトは「みんなの75点より、誰かの120点」。

タレが主役（肉も米も脇役）の「焼肉のタレをドバドバ染み込ませた焼肉タレおにぎり（肉入り）」、容器ぎりぎりまであんを入れた「あんだく溺れ天津飯」、わさびを入れすぎるくらいに入れた「【R指定?】葉わさびポテトサラダ」といった開発者の偏愛メニューがラインナップ、発売直後から話題になっています。

家電メーカーのライソンは、大阪府東大阪市に本社がある従業員20人ばかりの小さな会社です。

「100人のうち1人に刺さればいい」というポリシーで、「せんべろメーカー」「焼きペヤングメーカー」「ギガたこ焼き器」などニッチでユニークな商品を次々と生み出して熱いファンを増やしています（せんべろとは、「1000円でべろべろに酔える」ような価格帯の酒場の俗称です）。

たとえば、菓子メーカーのパインとコラボして2023年8月に発売した「パインアメ魔法のシロップメーカー」は、パインアメと水を入れてスイッチを押すと簡単にパインアメ味のシロップが作れるというかなりニッチな商品です。

2023年に日本一になったプロ野球阪神タイガースの岡田彰布（あきのぶ）監督がパインアメをよ

く口にしているという話題が追い風にもなり、発売3カ月で3000台が売れました。家族や友人へのプレゼント目的が多かったそうです。

ライソンを一躍有名にした「焼きペヤングメーカー」は、まるか食品のカップ焼きそば「ペヤング」を焼いて調理するため専用のホットプレートです。

もともと、ライソンの山俊介社長が東京出張中に社員たちと交わした「カップ焼きそばと言われるけれど、本当は麺を焼いていないよな。あれ焼いたらもっとうまいんとちゃう?」という会話がきっかけでした。

翌日、大阪に戻り、フライパンで水を沸騰させ、そこにペヤングを入れて水分が蒸発するまで炒(いた)めてからソースをかけると、驚くほどおいしかったので、「ペヤング専用のホットプレート」を開発したといいます。

とはいえ、社内からも「さすがにここまでニッチな商品が売れるのか?」と懐疑的な声も出ました。そこでクラウドファンディングを実施して、まずは寄付してくれた方に商品を送ることにしたのです。当初の目標は50万円でしたが、その10倍以上の5177万円が約1700人から集まったといいます。

さらに２０１９年2月に一般販売すると、ＳＮＳで話題になり累計5万台以上のヒット商品になりました。

コロナ禍の２０２１年には、１台でおでん・焼き鳥・炙(あぶ)り&熱燗(あつかん)が楽しめる「せんべろメーカー」が家飲みブームもあり大ヒットしました。

「偏愛めし」もライソンの「調理家電」も、決して高価というわけではありませんが、そのコンセプトは多くの企業にとって参考になるのではないでしょうか?

7章まとめ

- ニッチすぎるアイテムでも、それが本格的なもので自分の生活に潤いを与えてくれるものであれば人はお金を出す。
- ガチ中華のように、日本人向けに食べやすいようにアレンジされたものではなく、本物感を求めている人は一定数いる。
- おうち時間を快適に過ごせるためだったらお金を出すことが多い。
- みんなが安物で済ましている商品を、徹底的にこだわって感動するくらいの高級品を作ってみるとヒットする可能性も。
- 「〇〇専用の××」という商品は、まだまだヒットの可能性がある。
- 「みんなの75点より、誰かの120点」「100人のうち1人に刺さればいい」という思いの商品開発がヒットにつながることも。

8章

今すぐ価格の壁を打ち破るための7原則

どうすれば価格の壁を打ち破れるか？

ここまでは、主にコロナが流行した２０２０年以降23年秋までの１００を超えるヒット商品の事例を「高くてもバカ売れする７つのキーワード」の切り口で検証してきました。

とはいえ、売り手の立場になると「商品を値上げしたり高価格で売り出したりすることでお客さんが離れていってしまうのではないか？」と心配する気持ちはとてもよくわかります。

そこで最終章では、価格の壁を「今すぐ」打ち破るために有効だと考えられる７つの原則と、それぞれの原則にのっとったと思われる事例を簡潔にご紹介していきます（本章で取り上げる事例はコロナ以前のものも含みます）。

あなたが扱っている商品で応用できないかを考えつつ、読み進めてみてください。

①想定価格を上げる

婚約指輪の相場といえば、どれくらいの金額を思い浮かべるでしょう？

多くの方が「給料の３カ月分」と答えるのではないでしょうか？

今すぐ価格の壁を打ち破るための7原則

① 想定価格を上げる
② 付加価値をつける
③ 名前を変える
④ 見た目を変える
⑤ 売る時間・場所を変える
⑥ 売る相手を変える
⑦ 定義を変える

しかしこれは何か根拠がある訳ではなく、世界最大のダイヤンド販売会社デビアスが、日本でダイヤモンドを拡販するために、1970年代始めから80年代後半にかけて実施した広告キャンペーンのキャッチコピーが元になっています。有名芸能人が婚約会見でこのフレーズを口にしたことで一気に広まりました。キャンペーンが終わって30年以上たっているにもかかわらず、一定以上の年齢層の人間にとって頭にこびりついているフレーズになっています。

簡単にいうと、「給料の3カ月分」という金額の目安を示したことで、その価格が標準だと消費者の認識が固定されたということです。

近年の「かき氷」や「パフェ」などの商品は、従来の価値観を超える高価格と、それに見合った質（おいしさや贅沢感、エンタメ感）を提供することで、業界全体の想定価格を引き上げることに成功した事例と言えるでしょう。

私は２０１３年に、湘南の鵠沼海岸にあるかき氷専門店「埜庵」の店主である石附浩太郎さんとの共著で『なぜ、真冬のかき氷屋に行列ができるのか？』（日本実業出版社）という本を出しています。

石附さんが店を始めた２００３年頃、かき氷専門店はほとんどなく、会社員を辞めて店を出す夢を語ると、「１杯８００円で一年中営業しているかき氷専門店なんて、バカじゃないの？」と言われたといいます。

しかし、開店してしばらくすると熱狂的なファンが現れるようになりました（私も当時は家から近かったこともあり、結構な頻度で食べに行っていました）。秩父や日光の天然氷を極めて繊細にふんわりと削った氷に、旬のフルーツを贅沢に使った手作りシロップをかけて提供するというスタイルが支持されたのです。

そしてこの店から現在の「グルメかき氷ブーム」が巻き起こりました。この「埜庵」のスタイルが原型となり、まずは東京都内で、その後に全国に「かき氷専門店」が増殖していきました。さらに「エスプーマ」という液体を泡にする調理技術やクリームを使った濃厚なかき氷が登場したことで、「グルメかき氷」はどんどん高価格化していきます。今では1杯1000円を切るかき氷はめったにないくらいで、2000円前後のものも珍しくありません。1杯300円前後で、縁日の屋台などで売られていた昔のかき氷を思い出すと、驚くほどの変わりようです。

これと似たことが「パフェ」の世界でも起こりました。「パフェ」はフランスのデザート「parfait（パルフェ）＝完璧という意味」に由来するもので、それが日本独自のアレンジを加わって進化していき、昭和時代の喫茶店やファミリーレストランで人気の商品となりました。ただ当時はどちらかというと、子供の食べ物という印象が強いものでした。

そんなパフェが令和になった頃から再び注目を集めるようになり、すっかり「大人のスイーツ」へと進化しています。

果物があふれんばかりに載ったフルーツパフェや、パティシエが腕をふるった芸術作品のような高級パフェが大人気で、価格も1000円超えは当たり前。少し高級店だと1500～3000円あたりが主流の価格帯です。

あなたが携わる商品も、徹底的に質を上げることで、高価格の高級路線で売り出すことはできないか、ぜひ考えてみてください。その際に重要なのは、運ばれてきたり開けたりする瞬間に「気分がアガる」かどうかです。かき氷もパフェもフォトジェニックに進化したことで、ＳＮＳにアップしたくなる商品になったことがヒットに繋がっています。

商品がヒットすれば、その価格がいつしか「適正価格」として認識され、業界全体に活況をもたらすかもしれません。

②付加価値をつける

２つ目の原則は「付加価値をつける」です。

一見ほかの商品と変わりがないようなものでも、効果的な文脈や物語を背景に付与すれば、一気に魅力的に見えてくることがあります。そうなると価格が高くても売れる可能性が生まれます。


その好例が、「落ちないりんご」です。

発端は１９９１年9月末に青森県を襲った台風19号。最大瞬間風速50ｍ以上で直撃し、その被害は甚大でした。とくに津軽地方では、収穫期目前のりんごがほぼ壊滅状態になりました。今でも、地元ではこの台風は「りんご台風」という呼び名で語り継がれているといいます。

このままいくと、りんご農家の収入はゼロになりかねない状況の中、ある町のりんご農家が協力してアイデアを出し合いました。

ほとんどのりんごは落ちてしまったのですが、強風に耐え、枝から落ちなかったりんごが僅かながらあったことに注目して、これらを「落ちないりんご」と名付けて、受験生の合格祈願の縁起物として売り出すことにしたのです。

翌年に全国の神社で販売したところ、２個で３２００円という高価格ながら瞬く間に完売しました。

もちろん、ピンチのりんご農家が必死で出したアイデアを応援したいというストーリーもあったでしょう。しかし「落ちない」という付加価値をつけたことで、りんご１個の値段が10倍にもなり、その町のりんご農家のピンチを救ったのです。

ラーメン店でよく言われるのが「１０００円の壁」というフレーズです。ラーメン１杯の値段が１０００円を超えると、客側が高いと感じるので、お店側もなかなかそれ以上の価格がつけられないというのです。

しかし原材料の高騰や水道光熱費の値上げもあり、ラーメンの原価はどんどん高くなっています。この壁のせいで、利益率が圧迫され倒産してしまう店が増えています。

そこで、この壁を何とか乗り越えようとする店が増えています。たとえば「住所非公開・完全予約制」とするのもその一例です。予約でしか入れないという、感情的な付加価値によって金額が多少高くても満足感を高めてくれるのです。

中には前菜を提供して主役がラーメンというコースにして、客単価を4000円以上にしているラーメン店もあります。

私も先日、六本木にある予約制で住所非公開のラーメン店に行ってきました。アプリから日時を予約すると店の場所を教えてくれるというシステムです。1杯2000円近くしますが、そのプロセスによって気分がアガるので、決して高くは感じませんでした。

タクシー業界も新たな需要を開拓するために、観光タクシーや介護タクシーなど付加価値を提供するアプローチを模索しています。

北海道の「岩見沢市観光協会」が実施する「そらちワインタクシー」はその典型で、ワイナリーや観光地をめぐるツアーを行い、ワイン愛好家や観光客に魅力的な体験を提供しています。2023年度の価格設定は、4時間コースで1台1万5000円（税込）。限定40台で運行されました。

一般的なタクシーは日によって売上の増減がありますが、観光地や地域の特性に合わせたユニークな「付加価値」があれば客単価を上げ、予約制にすることによって売上を安定させられます。

その結果、リピーターも増え、地域の観光業全体にも貢献できるかもしれません。

③ 名前を変える

3つ目の原則は「名前を変える」です。

商品名を変えることで第一印象が変わり、商品の売りポイントが消費者に伝わりやすくなって、大ヒットにつながるケースがあります。

たとえば、JR西日本が手がける「お嬢サバ」。

地下海水を使った陸上養殖で、アニサキスなどの寄生虫が付かないように大切に育てられることから、お嬢様育ちをイメージして名付けられました。

このプロジェクトは鳥取県とＪＲ西日本が共同で行っており、県側は当初、「お嬢サバ」という名前に難色を示していたそうです。しかし、市場調査用の仮の名前としてプレスリリースなどに記載してみると、丁寧な生育プロセスが端的に伝わるネーミングが大評判に。メディアの取材も相次ぎ、正式採用が決まったといいます。

王子ネピアのボックスティシュ「鼻セレブ」は、改名で大ヒットした商品です。もともとは「ネピア モイスチャーティシュ」という名前で１９９６年に発売されましたが、「保湿ティッシュ」というカテゴリー自体の認知も広がっていなかったため、発売から8年経っても売上が伸びませんでした。

そこで、中身を変えずにパッケージとネーミングのリニューアルを決断。「鼻セレブ」という名称と、白いふわふわとした動物の鼻にフォーカスしたパッケージに１人の担当者が惚(ほ)れ込み、社内の反対を押し切ってリニューアルにこぎつけます。

売り出してみると、これが爆発的に大ヒット。売上が10倍に伸びたのです。

岡本株式会社の「靴下サプリ まるでこたつソックス」も、改名によって売上が17倍になりました。もとは2013年に、「三陰交（足首の内側にある冷えに効くツボ。三陰とは「肝」「脾」「腎」の3つの流れこと）をあたためるソックス」という名称でシニア層向けに発売された商品ですが、機能面へのこだわりが消費者にうまく伝わらず、ユーザーが獲得できなかったそうです。

そこでブランド名を「靴下サプリ」に変更し、主力の着圧商品とともに「まるでこたつソックス」をサブアイテムとして売り出したところ、こちらが先に大ヒット。「足元を温めたい」という消費者のニーズに、わかりやすいネーミングが見事にはまった事例です。

「ネジザウルス」と改名したことで、「ミゾがつぶれたり、錆（さ）びて固まったりして、普通のドライバーでは回せなくなったネジを外す」ためのニッチな工具がバカ売れした例もあります。

この商品、以前は「小ネジプライヤー」という名前でしたが、まったくと言っていいほど売れなかったそうです。そこで社内公募で名称を募集し、「ネジザウルス」という恐竜風の名前に改名して、パッケージも一新しました。

すると商品自体は変わっていないのに、初年度の年間の販売数が前年度の800丁から約7万丁にアップ。1万丁売れれば大ヒットという工具業界で、2002年の発売以来、シリーズ累計250万丁以上のお化け商品となったのです。

このように名前を変えることでイメージも変わると、価格も変えることができるかもしれません。

④見た目を変える

4つ目の原則は「見た目を変える」です。

人は新しさを感じるものに興味を抱きやすいので、おなじみの商品でもデザインやサイズを変えることで、大ヒットにつながるケースがあります。当然、併せて価格帯も変わる可能性が高いです。

2016年頃からSNSで使われだした「萌え断」(断面がカラフルで美しい食べ物)も、見た目のインパクトが話題になりやすく、看板料理として提供する店が増えています。

お米をサンドイッチ状にした「おにぎらず」、具材をたくさん挟んだサンドイッチなどが人気ですが、主役はやはりフルーツサンドでしょうか。スパッとカットしたサンドイッチの断面から色とりどりの果物がのぞく様子は華やかで、続々とフルーツサンド専門店がオープンしています。

また、愛知県岡崎市にある「ダイワスーパー」のように、街の小さなスーパーがフルーツサンドを目玉商品として大人気店になるといった成功例もあります。

２０２３年には、「10円パン」という巨大な10円硬貨のようなパンがZ世代を中心に大ヒット。「TikTok ２０２３年上半期トレンド大賞」グルメ部門にノミネートされ、渋谷や大阪・道頓堀の店舗に行列ができるという現象もありました。

「10円パン」のルーツは韓国。10ウォン硬貨をデザインした菓子パン「10ウォンパン」が慶州観光の目玉として観光客に受けており、それを日本で再現したものです。ベビーカステラのような甘めの生地を半分に割ると、中にはアツアツの伸びるチーズがたっぷり入っていて、ＳＮＳにはチーズをぐいーんと伸ばしてみせる動画がよくアップされています。

別の事例もご紹介しましょう。

「森永ラムネ」といえば、発売から約45年間、定番商品として売れ続けてきました。そんな商品が粒の大きさを1・5倍に変えて発売したところ、2018年3月の発売から1カ月足らずで年間販売計画数量を売り切るほどの大ヒットを記録しました。

その数年前から「ラムネのブドウ糖が集中アップに繋がる」という口コミが受験生を中心に広まったことを受け、通常のラムネ粒を1・5倍に大きくした商品です。

定番商品と似たテイストのパッケージながら従来品とまったく食い合わずに、19年9月には売上を2倍近くに上積みしたといいます。

さらに2023年には、サンキューの思いをこめて大きさを3・9倍にした「超大粒ラムネ」を販売。220円程度とラムネにしては高額ながら、こちらも発売から2カ月で計画を63%も上回るヒットを記録しています。

このように、見た目を変えることでイメージが変わると、価格も変えることができるかもしれません。

⑤売る時間・場所を変える

5つ目の原則は「売る時間を変える」「売る場所を変える」です。

「売る時間を変える」とは、営業時間・提供する時間・販売期間・タイミング・季節などを変えるということです。当たり前だと思っている時間軸を変えただけで、商品が売れ始めることがあります。

ある個人経営の喫茶店の例をご紹介しましょう。大阪の中心部から少し離れた街の商店街の外れにある小さな店です。シニア世代のマスターが1人で切り盛りしていて、カウンターとテーブル席が数組あるだけの、10人も入ればいっぱいになる店です。

数年前、その喫茶店に激震が走りました。

近くに大手の珈琲(コーヒー)チェーンができたのです。すると、パタリとお客さんが途絶えます。とくに、それまで多かったモーニングのお客さんは壊滅的でした。大手チェーンの店の方が開店時間が30分早く、ゆったりできるし、モーニングの種類も充実している。その店に勝ち目はなかったのです。

そこで店主は大きな決断をします。それまで9～18時だった営業時間を、思い切って5

～13時に変えたのです。メニューも開店から閉店まで500円のモーニングサービス一本にして、今までトーストにゆで卵だったものを、熱々の玉子焼きを入れたホットサンドに変更しました。

「そんな朝早くからお客さんなんて来ない」と誰もが思いました。

しかし、意外にもしばらくすると多くのお客さんが利用するようになったのです。

今までどの店も開いていなかったので、通勤先の都心で朝食を食べていた人たちが、地元で食べてくれるようになったのです。さらに午前中は朝昼兼用で食べに来る人も増えました。コロナ禍でもお客さんは途切れず、2023年秋時点でも繁盛を続けています。

この事例は決して高価格というわけではありませんが、商売する上で色々とヒントがあるのではないでしょうか？（兵庫県尼崎市の小林書店さんで伺った事例です）

「売る場所を変える」とは、売る地域・売るチャネル・売る店・売り場などを変えるということです。

リアル店舗で売れなかったものがECに切り替えたら売れた。逆にECでは売れなかったものがリアル店舗を出したら売れたという事例もよくあります。ある場所では値段がつかないものが、他の場所で売ったら高価で売れるということもあるのです。

このように時間や場所を変えることでニーズが変わると、価格も変えることができるかもしれません。

⑥売る相手を変える

6つ目の原則は「売る相手を変える」です。

今まで売れなかったモノも、売る相手を変えることで、急に売れだすことがあります。

「レゴ（LEGO）」といえば、デンマーク発の世界的に有名な組み立てブロック玩具として、日本でもよく知られています。対象年齢により色々なレーベルがありますが、一般的には幼児から小学校高学年くらいまでの子どもが対象になっている商品です。

2020年、そんな「レゴ」を大人も遊べるように高品質化した「大人レゴ」が売り出されヒットしています。2021年11月には9090ピースで9万円近くする「レゴ タイタニック号」が発売されて話題になりました。

「#ワークマン女子」のコーディネート事例

出典：株式会社ワークマン

子どもから大人に、売る相手を変えたことで、客単価を大幅に上げることができたということです。

作業服専門店だった「ワークマン」の躍進ぶりも、ターゲット層の拡大によるところが大きいと考えられます。

2018年に1号店が「ららぽーと立川立飛」にできた「ワークマンプラス」は、一般ユーザー向けにアウトドア・スポーツ系の高機能ウェアやレインウェアを販売し、いまや543店舗を展開しています。「ワークマンプラス」に2年遅れてスタートした「#ワークマン女子」は、レディース用品やユニセックスデザインの高機能ウェアを充実させ、全国に44店舗を構えるまでに急成長しました（2023年11月時点）。

このようにターゲットを変えることでイメージが変わると、価格も変えることができるかもしれません。

⑦定義を変える

7つ目の原則は「定義を変える」です。

売上や顧客獲得が停滞しているとき、その商品の「定義」を変えることでブレイクスルーが起こる場合があります。

東京・新橋にある老舗和菓子屋・新正堂の名物は「切腹最中」です。開いた皮からあふれんばかりのあんが特徴で、1日数千個も売れるという大ヒット商品です。もともとは、忠臣蔵の浅野内匠頭（たくみのかみ）が切腹した屋敷跡に店があることから、3代目店主の渡辺仁久さんが考えたものですが、発売当初はまったく売れませんでした。

潮目が変わったのは、「兜町（かぶとちょう）の証券会社で大人気。謝罪用の手土産に切腹最中」という新聞記事が出てからです。証券会社の支店長が損をさせてしまったお客さんの元に「切腹最中」を持参して、「自分の腹は切れませんが、代わりにこちらのお菓子が腹を切っております」と謝ったら許してもらえたというエピソードを新聞記者が聞きつけ記事にしました。

「ちょっと変わったお菓子」から「謝罪用の手土産」へと、商品の定義が変わった瞬間でした。そこから「切腹最中」は大ヒット商品になっていったのです。

また、ロングセラーのチョコレートが、「受験のお守り」のような定義づけによってバカ売れするケースもあります。

その元祖とされるのが「キットカット」（ネスレ日本）です。

九州の方言で「きっと勝っとぉ（きっと勝つよ！）」が「キットカット」の音に似ていることから、九州の受験生の間でお守りとして買われるようになったことがきっかけでした。それが２００２年頃から全国に広がり、ネスレも２００３年１月から「きっとサクラサクヨ」というコピーで受験生応援キャンペーンを実施。いまや受験生を応援するお菓子の定番になっています。

このように商品の定義を変えることでイメージが変わると、価格も変えることができるかもしれません。

8章では「どうすれば価格の壁を打ち破れるか？」というテーマで7つの原則をご紹介してきました。

あなたの会社・お店に合った方法で、モノやサービスの価格を上げることで、お客さんの気分をアゲて、「高くても売れる商品」をぜひ開発してください。

そしてバカ売れしたら、こっそり教えてくださいね。

おわりに

本書では「高くても売れるヒント」を数多く紹介してきました。

一消費者として考えると、確かにモノやサービスの価格は安い方がありがたい。しかしこのまま日本全体が安売りを続けていけば、やがて世界から取り残されてしまう。モノやサービスの値段が上がることで、より高いクオリティの商品やサービスが提供される世の中になり、それに伴って多くの人の収入も上がる日本になる必要がある。

そんな思いが、本書を執筆した動機です。

本書の初版本の帯には「イチゴを1粒1000円で売る方法を考えなさい。」というコピーが入っています。答えのひとつは、2章でご紹介した「贈答品にする」というものでした。しかし、実際にはそれ以外にも答えはいくつもあるはずです。ぜひ他のキーワードからも考えてみてくださいね。

本書の企画を立て、そのコンセプトを提案していただいたSBクリエイティブ学芸書籍編集部の大澤桃乃さん。執筆や事例集めに協力していただいたライターの田邉愛理さんには本当にお世話になりました。ありがとうございます！

また最後になりましたが、本書におけるヒット商品事例の掲載にご理解いただき、お写真を快くご提供くださった関係各社に感謝申し上げます。

２０２４年１月

川上徹也

能性に極振りの“ガチ日傘”『ウーボ』が人気」FASHIONSNAP, https://www.fashionsnap.com/article/uvo-interview/（2023年5月25日）
「サウナーの真のニーズを捉えたジンズ『サ陸両用眼鏡』ヒットに4つの理由」日経クロストレンド, https://xtrend.nikkei.com/atcl/contents/18/00896/00007/（2023年10月6日）
「ジンズ、サウナ用メガネが男性30〜40代にヒット　『サウナ以外でも使える』の声も」ITmedia ビジネスオンライン, https://www.itmedia.co.jp/business/articles/2306/30/news064_2.html（2023年6月30日）
「おもしろ調理家電でヒット連発！ 話題のメーカー『ライソン』社長に聞く『違いを出すものづくり』」GetNaviweb, https://getnavi.jp/homeappliances/574006/（2021年3月25日）
「『焼きペヤングメーカー』のライソン、商品企画は値段から決める」ツギノジダイ, https://smbiz.asahi.com/article/14356869（2021年5月27日）

〈8章〉
『ある女性広告人の告白』小池玲子（日経広告研究所、2007年）
『「ネジザウルス」の逆襲　累計250万丁の大ヒット工具は、なぜ売れ続けるのか』髙崎充弘（日本実業出版社、2015年）
「なぜ大人向け『大粒ラムネ』は爆発的にヒットしたのか？ 『森永ラムネ』ブランドの挑戦」リクナビNEXTジャーナル, https://next.rikunabi.com/journal/20181029_c02/（2018年10月29日）
「超大粒ラムネ　サンキューの思い込め、大きさ3.9倍」日経MJ（日経BP、2023年10月16日）
『1行バカ売れ』川上徹也（角川新書、2015年）
『売れないものを売る方法？そんなものがほんとにあるなら教えてください！』川上徹也（SB新書、2017年）
『ストーリーブランディング100の法則』川上徹也（日本能率協会マネジメントセンター、2023年）

その他、各社の企業サイトやプレスリリースなども参考にさせていただきました。感謝申し上げます。

ストレンド, https://xtrend.nikkei.com/atcl/contents/18/00588/00001/（2022年2月14日）
「発売1年で2,000万食の大ヒット、0秒チキンラーメンの『カレー味』が新作なのにエモい!!」本日の一杯, https://cupmen-review.com/0-second-chicken ramen-curry/（2023年8月18日）
「髙橋ひかるがかわいすぎ！かじる専用『0秒チキンラーメン』と『チキンラーメン』の違いはどこ？」秒刊SUNDAY, https://yukawanet.com/archives/chiken20220405.html（2022年4月6日）
「ファミマの『生コッペパン』1000万食突破　ヒットの要因は“古臭さ”払拭にあり」ITmedia ビジネスオンライン, https://www.itmedia.co.jp/business/articles/2303/28/news188.html（2023年4月23日）
「“生”トレンドを取り入れて累計4000万食突破の大ヒット！ファミリーマート『生コッペパン』誕生秘話」@DIME, https://dime.jp/genre/1627575/（2023年7月26日）

〈7章〉

『老舗書店「有隣堂」が作る企業YouTubeの世界～「チャンネル登録」すら知らなかった社員が登録者数20万人に育てるまで～』有隣堂YouTubeチーム（ホーム社、2023年）
「老舗書店・有隣堂のYouTubeが大人気！『放送事故』と思いきや想定外の展開に」ダイヤモンド・オンライン, https://diamond.jp/articles/-/325187（2023年7月14日）
「新語・流行語大賞にもノミネートされた『ガチ中華』、町中華と何が違う？」@DIME, https://dime.jp/genre/1507160/（2022年12月2日）
「バルミューダ新トースター『Pro』焼き色しっかりのサラマンダーモード」家電Watch, https://kaden.watch.impress.co.jp/docs/news/1436394.html（2022年9月1日）
「家電アワード総なめ！各家電媒体が絶賛の『土鍋ご泡火炊き』最新モデルはどれだけ凄い？」マガジンサミット, https://magazinesummit.jp/lifetrend/2077916210730（2021年7月30日）
「累計8冠を獲得した『炊きたて50周年の最高傑作』が大躍進！『土鍋ご泡火炊き JPL型』が、昨年対比119.6％の売上台数を記録」STORYweb, https://storyweb.jp/prtimes/217111/（2022年5月17日）
「電動ベッド、若者人気じわり　ソファ代わりに映画鑑賞」日経MJ（日経BP、2023年10月15日）
「つめ切りは『面倒』から『感動』へ。SUWADAが贈る、スパッと快感の爪切り」Makuake, https://www.makuake.com/project/suwada/
「『一万本売れたらヒット』の傘業界で10万本を売り上げ、今夏売り切れ必至　機

「最新チェキはなぜ大ヒットしたのか？富士フイルム『instax』チーム、商品開発の極意」XD, https://exp-d.com/interview/12306/（2022年6月1日）
「Z世代も魅了　レコードプレーヤー『サウンドバーガー』ヒットの訳」日経クロストレンド, https://xtrend.nikkei.com/atcl/contents/casestudy/00012/01087/（2022年12月20日）
「プラスの『COE365』がZ世代に刺さる　エモい・エコの使い道」日経クロストレンド, https://xtrend.nikkei.com/atcl/contents/18/00622/00002/（2022年6月7日）
「エモ×エコ＋脳波　元電通ディレクターが導くZ世代に売る方程式」日経クロストレンド, https://xtrend.nikkei.com/atcl/contents/casestudy/00012/01050/（2022年11月1日）
「学んで！遊んで！泊まって！『追分分校』」宮崎県新富町 体験交流ポータルサイト, https://shintomi-visit.jp/sports-activities/shintomi_oiwakebunkou/（2023年11月10日）
「宿泊もできる!?　鋸南町の道の駅『保田小学校』であの頃にタイムスリップ！」行ってみよう！たのしい街, https://www.timesclub.jp/sp/tanomachi_ex/chiba/kyonanmachi/001.html（2023年3月9日）
「道の駅保田小学校　セカンドステージへ〜隣接する旧鋸南幼稚園のリノベーション〜」PR TIMES, https://prtimes.jp/main/html/rd/p/000000002.000103988.html（2023年3月9日）
「『鬼滅の刃』の力強く荒々しい書体 編み出したのは85歳の書家の筆 『絵を描くように書く』 昭和書体」南日本新聞, https://373news.com/_news/storyid/137539/（2021年5月23日）
「大人気アニメ『鬼滅の刃』にも採用--85歳の書家が描く“毛筆フォント”と親子3代の挑戦」CNET Japan, https://japan.cnet.com/article/35149884/（2020年3月12日）
「ど迫力の必殺技でおなじみ、J-Font.comは筆文字ばかり64書体！【TGS2022】」日経クロストレンド, https://xtrend.nikkei.com/atcl/contents/18/00706/00022/（2022年9月16日）
「通称『マルエフ』はアサヒのフォーチュンビール」政経電論, https://seikeidenron.jp/articles/8382（2018年6月4日）
「アサヒビール『マルエフ』大ヒットの秘密…スーパードライに次ぐ看板商品誕生に成功」Business Journal, https://biz-journal.jp/2022/02/post_277918.html（2022年2月4日）
「売れすぎで一時休売のビール『マルエフ』をスーパードライと飲み比べ！ 味の特徴を徹底解明」価格.comマガジン, https://kakakumag.com/food/?id=17530（2021年10月12日）
「終売した『マルエフ』がなぜ成功したか　根底にブランドパーパス」日経クロ

umamusume-84/（2022年5月16日）
「空港に着いてすぐ帰る『紋別タッチ』の目的は？　滞在時間はたった20分」週刊新潮（新潮社、2022年6月9日号）
「続・『共創』とは、つまりこれだ！（紋別タッチを盛り上げる人々）」Alibaba JAPAN PRESS, https://www.b2b.alibaba.co.jp/aj-press/001143/（2022年10月13日）
「マニアのハートのつかみ方　ついついほれ込む顧客対応」トラベルジャーナル（トラベルジャーナル、2022年7月18日号）

〈6章〉
「古さを懐かしさに昇華する西武園ゆうえんち、新たな顔は『幸福感』」日経クロストレンド, https://xtrend.nikkei.com/atcl/contents/18/00292/00002/（2020年3月16日）
「なぜ西武園ゆうえんちに『昭和の街』が生まれたのか？」ダイヤモンド・オンライン, https://diamond.jp/articles/-/287057（2021年11月14日）
「西武園ゆうえんちが古さを売りにして大成功。『入園口』を減らした意外なワケとは」ESSEonline, https://esse-online.jp/articles/-/20026（2022年8月13日）
「今注目の『横丁業態』の魅力にせまる！ 3つの出店メリットと外食産業における今後の可能性」FOODS CHANNEL, https://www.foods-ch.com/gaishoku/1634895245982/（2021年10月22日）
『物を売るバカ２ 感情を揺さぶる７つの売り方』川上徹也（角川新書、2018年）
「Z世代発の『昭和・平成レトロブーム』が4位　施設や音楽にも波及」日経クロストレンド, https://xtrend.nikkei.com/atcl/contents/18/00549/00005/（2021年11月9日）
「『外食アワード 2020』発表！　コロナ禍で、外食業界に夢や希望を与えた面々が受賞」ぐるなびPRO, https://pro.gnavi.co.jp/magazine/t_res/cat_8/a_3829/（2021年7月8日）
「昭和の象徴『花柄ポット』が再ブーム　復刻商品『レトロかわいい』と反響…発売の背景は？象印に聞いた」J-CAST ニュース, https://www.j-cast.com/2021/07/10415693.html（2021年7月10日）
「昭和の食卓を彩った『花柄ポット』が令和になって再ヒットした理由とは？開発のヒントは“着物”」ウォーカープラス, https://www.walkerplus.com/article/1134138/（2023年6月16日）
「小泉成器の『レトロ扇風機』が話題に　ヒットの背景に2つの理由」ITmedia ビジネスオンライン, https://www.itmedia.co.jp/business/articles/2307/07/news062.html（2023年7月7日）
「チェキとは？人気再燃したスマホやデジカメにはないその魅力は？」タビショットプラス, https://tavishot.com/media/181216-cheki/（2022年5月10日）

4_2/
「『SOLOTA』の開発担当者たちは、なぜ、“料理をしない単身者”を、あえてターゲットに選んだのか？」STORYweb, https://storyweb.jp/prtimes/276098/（2023年3月15日）

〈5章〉

「僕たちは、札束を食べて生きていけない―ポケットマルシェCEO高橋博之氏・特別インタビュー【前編】」ダイヤモンド・オンライン, https://diamond.jp/articles/-/238310?page=2（2020年5月28日）
「出荷できない鯛を5670（コロナゼロ）尾直売。さばき方動画も話題に」カラふる, https://colorfuru.jp/business/6342（2020年5月18日）
「動画活用で漁業の未来に希望の光を。絶望の中で生まれた『希望を見つける』プロジェクト」読む「動画活用」, https://soucle.com/yomudo/article/?p=662
「5670（コロナゼロ）プロジェクトの現場から。真鯛の命がつないだ軌跡を辿る＠友栄水産」OTONAMIE, https://otonamie.jp/?p=74806（2020年8月2日）
「『楽天市場』、半島の食の魅力を紹介する特集『半島WEB物産展』公開 特産品を紹介する『まち楽』で」日本ネット経済新聞, https://netkeizai.com/articles/detail/6798（2022年7月29日）
「『未利用魚』でサブスクビジネス　27歳社長が描く水産業の未来」朝日新聞デジタル, https://www.asahi.com/sdgs/article/14633592（2022年6月13日）
「福岡発・魚のサブスクがヒット　廃棄前提の『未利用魚』を重宝？」日経クロストレンド, https://xtrend.nikkei.com/atcl/contents/18/00616/00006/（2022年10月13日）
「『Fishlle!（フィシュル）』、『日経トレンディ（12月号）』で地方発ヒット商品大賞を受賞」WorkMaster, https://www.work-master.net/2022271301（2022年12月2日）
「1つとして同じものはない、『金魚真珠』を使った伊勢志摩のサスティナブルなジュエリー【百花（ひゃっか）】前編」HIROBA!, https://hiroba-magazine.com/tokaips/product-26/（2021年9月24日）
「伊勢志摩『金魚真珠』売れない真珠に命与えたネーミング」日経クロストレンド, https://xtrend.nikkei.com/atcl/contents/18/00468/00001/（2021年6月28日）
「地方発！ 2021年ヒット商品ベスト30『金魚真珠』」日経トレンディ（日経BP、2021年12月号）
「『ウマ娘愛がすげぇ…』BOSS担当者の1万字長文が話題　執筆1週間『たぎるような気持ちで書いていました』」J-CAST ニュース, https://www.j-cast.com/2022/05/20437703.html（2022年5月20日）
「『BOSS』開発担当者による“ウマ娘”愛で実現！今年の『BOSS』は『ウマ娘 プリティーダービー』とコラボ！」JMAG NEWS, https://j-mag.org/2022/05/16/

ryou/inryou-inryou/（2023年1月19日）
「『カルピス』100年、最大の危機とそれを打破した商品」ニュースイッチ, https://newswitch.jp/p/16886（2019年3月16日）
「あのゴディバをコンビニでよく見掛ける理由　気軽な場所で求められるラグジュアリー体験」東洋経済オンライン, https://toyokeizai.net/articles/-/193812（2017年10月29日）
「『憧れを身近に』して売上3倍に　ゴディバ ジャパンが挑むデータドリブン経営」MarkeZine, https://markezine.jp/article/detail/32003（2019年9月25日）
「『憧れ』と『身近さ』の両立。ゴディバの急成長を実現した、常識に囚われない戦略」Agenda note, https://agenda-note.com/conference/detail/id=2169（2019年12月10日）
「ゴディバ×マックの新商品が“異例の大ヒット”…『高級チョコブランド』がコラボを連発する理由」マネー現代, https://gendai.media/articles/-/92269?imp=0（2022年2月14日）
「祇園辻利がミスドに示した譲れない条件　抹茶ドーナツ爆売れの内幕」日経クロストレンド, https://xtrend.nikkei.com/atcl/contents/casestudy/00012/01234/（2023年7月13日）
「ミスド、抹茶専門店やラーメン店とコラボ　その狙いは？」ITmedia ビジネスオンライン, https://www.itmedia.co.jp/business/articles/1704/06/news109.html（2017年4月6日）
「カット1650円の『QBプレミアム』が、過去最高を更新しているワケ」ITmedia ビジネスオンライン, https://www.itmedia.co.jp/business/articles/2203/11/news027.html（2022年3月11日）
「ゼブラ、“使い捨て”だった『サインペン』を高級化し大ヒット　開発者が経験した『書いて伝えることへの感動』とは？」ORICON NEWS, https://www.oricon.co.jp/special/58846/（2022年4月19日）
「ノック不要シャープペン『クルトガ ダイブ』開発秘話。部品数は通常の4倍」Impress Watch, https://www.watch.impress.co.jp/docs/topic/1486109.html（2023年3月25日）
「自動で芯が出る新クルトガ開発秘話　1本5000円でも完売続出のワケ」日経クロストレンド, https://xtrend.nikkei.com/atcl/contents/watch/00013/02242/?i_cid=nbpnxr_index（2023年6月9日）
「ライオン、2000円の電動歯ブラシがヒット　潜在需要に的」日経MJ（日経BP、2023年7月9日）
「ライオンが口に合わせて各ブランドの付替ブラシが選べる電動アシストブラシを発売」@DIME, https://dime.jp/genre/1571001/（2023年4月7日）
「パナソニック『SOLOTA』はなぜ単身用食洗機の市場を切り開けたのか?」日経クロストレンド, https://special.nikkeibp.co.jp/atclh/NXR/23/panasonic070

html/rd/p/000000006.000098081.html（2022年6月15日）
「倒産から再起、CMが話題のシャワーヘッドで急成長」日経ビジネス, https://business.nikkei.com/atcl/seminar/19nv/120500136/052500759/（2022年6月3日）
「アサヒビール｜『BDX』を活用した『ASAHI YORU BEER』ブランド開発・パッケージデザイン」NEW STANDARD, https://new-standard.co.jp/posts/10984（2022年12月23日）
「アサヒ、コーヒービール開発の苦悩　3時間の『n＝1』調査が突破口」日経クロストレンド, https://xtrend.nikkei.com/atcl/contents/casestudy/00012/01142/（2023年3月14日）
「chocoZAP、年内にも業界1位へ　前代未聞のリアルA/Bテスト大作戦」日経クロストレンド, https://xtrend.nikkei.com/atcl/contents/18/00857/00001/（2023年7月24日）
「会員55万人突破！ 好調chocoZAPの秘密をRIZAP瀬戸社長が語る」日経クロストレンド, https://xtrend.nikkei.com/atcl/contents/18/00850/00001/?i_cid=nbpnxr_index（2023年7月4日）
「ライザップ社長が語る『客単価1/100』の新規事業に踏み切れた理由」文春オンライン, https://bunshun.jp/articles/-/62181（2023年5月10日）
「2023年ヒット総合予測１位のchocoZAP（チョコザップ）を徹底解説。人気の秘密とは!?」みかスポ, https://mikasupo.com/chocozap/
「（米国流通 現場を追う）ホールフーズ創業者の次の一手 『医食同源』掲げて外食展開 」日経MJ（日経BP、2023年7月7日）

〈４章〉
「109シネマズプレミアム新宿の鑑賞は4500円から、サービス込みの専用ラウンジ完備」映画ナタリー, https://natalie.mu/eiga/news/516750（2023年3月15日）
「坂本龍一が音響監修したシアターを最速体験！『109シネマズプレミアム新宿』の贅沢空間で映画に没入」MOVIE WALKER PRESS, https://moviewalker.jp/news/article/1129098/（2023年3月15日）
「【新宿ピカデリー】プラチナルームを体験！１回30,000円の豪華な映画館！」シネバド, https://cinebad.net/entry/platinum-room/（2022年7月16日）
「まさに特等席！　新宿ピカデリーのプラチナシートとプラチナルームが全面リニューアルでより優雅に」ねとらぼ, https://nlab.itmedia.co.jp/nl/articles/1904/17/news039.html（2019年4月17日）
「タクシーアプリ『GO』高級ワンボックス車が指定できる『GO PREMIUM』スタート」タクシーメディア, https://www.tenshokudou.com/media/?p=9838（2022年11月26日）
「『カルピス』おもしろいことにも挑んで拡大　定番商品の好調に加えて『カルピス THE RICH』が貢献」食品新聞, https://shokuhin.net/68133/2023/01/19/in

「日清『完全メシ』が400万食突破　“意識高くない”男性を魅了」日経クロストレンド, https://xtrend.nikkei.com/atcl/contents/18/00732/00006/（2022年11月14日）

「500万食突破の『完全メシ』新コンセプトが受け入れられた理由とは」AdverTimes., https://www.advertimes.com/20221226/article407668/（2022年12月26日）

「『完全メシ』一挙6品投入　出荷は累計700万食に　日清食品」食品新聞, https://shokuhin.net/72905/2023/04/05/kakou/sokuseki/（2023年4月5日）

「ありそうでなかったペットボトルの『白湯』 隠れた心理を見つけるのは、未知なる声への『へえ』／アサヒ飲料 鈴木 慈」リクルート進学総研, https://souken.shingakunet.com/secondary/2023/06/post-41.html（2023年6月9日）

「アサヒ飲料『白湯』なぜバカ売れ？失敗を経て8年ぶり再販に踏み切った理由」ダイヤモンド・オンライン, https://diamond.jp/articles/-/318111（2023年2月26日）

「アサヒの『白湯』が想定の3倍超ヒット　男性市場の拡大に活路」日経クロストレンド, https://xtrend.nikkei.com/atcl/contents/watch/00013/02071/（2022年12月13日）

「本当に売れるのか不安だった…『白湯』発売に『待ってました!!』の声続出、メーカーも“想定を上回る出荷数”に驚き」ORICON NEWS, https://www.oricon.co.jp/special/61283/（2022年11月24日）

「（納得！シニア消費）吉野家『特保』牛丼の具　10万食突破」日経MJ（日経BP、2023年9月22日）

「罪悪感なく食べられる!? 構想8年！吉野屋『トクホの牛丼の具』の実力」Asagei Biz, https://asagei.biz/excerpt/45628（2022年7月15日）

「明治『キシリッシュ』グミに刷新　ガムの販売終了発表」日本経済新聞, https://www.nikkei.com/article/DGXZQOUC135IU0T10C23A3000000/（2023年3月13日）

「明治キシリッシュ、ガム撤退の舞台裏 『グミ転生』の勝ち筋とは」日経クロストレンド, https://xtrend.nikkei.com/atcl/contents/casestudy/00012/01165/（2023年4月11日）

「噛む菓子『グミ>ガム』になった令和ならではの訳」東洋経済オンライン, https://toyokeizai.net/articles/-/678006?display=b（2023年6月9日）

『這い上がれ―「奇跡の泡」で美容の常識を変えた男』青山恭明（幻冬舎メディアコンサルティング、2022年）

「こうしてヒット商品は生まれた！ ミラブルplus」日商 Assist Biz, https://ab.jcci.or.jp/article/62810/（2022年4月23日）

「発売前から注目の集まる次世代型シャワーヘッド　本日より、話題の『ミラブルzero』が家電量販店やWEBで発売！」PR TIMES, https://prtimes.jp/main/

「クリーム美容の歴史が変わる！あのリポソームから待望の新クリームが登場」VoCE, https://i-voce.jp/feed/1947199/（2022年10月25日）
「高いのになぜ人気？シャンプー『YOLU（ヨル）』の秘密に迫る」ライブドアニュース, https://news.livedoor.com/article/detail/24304902/（2023年5月25日）
「ブランド累計販売数2500万個突破！シェアNo.1の夜間美容ブランド『YOLU』からダメージケアに着目した新シリーズが誕生『ディープナイトリペアシリーズ』9月1日新発売」PR TIMES, https://prtimes.jp/main/html/rd/p/000000588.000012002.html（2023年8月17日）
「『YOLU』1000万個に至るマーケ戦略の全容　I-neヒット連発の法則」日経クロストレンド, https://xtrend.nikkei.com/atcl/contents/casestudy/00012/01077/（2022年12月1日）
「立上げ1年4ヶ月で70億を売り上げた、バズりヘアケア『YOLU』の元ブランドマネージャーが語る、ベンチャー企業の下克上マーケティングの鉄則」note, https://note.com/venture_ocean/n/nc5056c8b64b4（佐々木理人、2023年4月2日）
「『YOLU』　命運分けた『つかみ』の技術」マーケターブログ, https://marketer7.com/i-ne-yolu/（2023年4月21日）
「3年連続で売上約10倍。ビジネスパーソンを熱狂させるスポーツ・ウェルネスD2C『TENTIAL』の躍進　TENTIAL｜代表取締役CEO 中西裕太郎インタビュー」AMBI, https://en-ambi.com/featured/790/（2023年4月7日）
「リカバリーウェアが15万枚も売れた　成長が続くテンシャル社の強みは2つ」ITmedia ビジネスオンライン, https://www.itmedia.co.jp/business/articles/2304/16/news007.html（2023年4月16日）
「“爆睡ウエア”でヒット連発　ECもマーケも内製化にこだわる理由」日経クロストレンド, https://xtrend.nikkei.com/atcl/contents/casestudy/00012/01163/?i_cid=nbpnxr_index（2023年4月6日）
「コロナ禍の大ヒット『パジャマスーツ』を支えた広報。プレスリリースアワード2021受賞にかける想い」PR TIMES MAGAZINE, https://prtimes.jp/magazine/award-2021-aoki/（2023年9月28日）
「AOKI新戦略の柱『パジャマスーツ』商品数を10倍に拡大　年間売上高100億円へ」FASHIONSNAP, https://www.fashionsnap.com/article/2021-10-14/aoki-pajamasuit/（2021年10月14日）
「AOKI、ヒット商品『パジャマスーツ』の累計販売着数が10万着突破　従来のビジネスモデルからの脱却目指す」FASHIONSNAP, https://www.fashionsnap.com/article/2022-04-21/aoki-pajamasuit-2022ss/（2022年4月21日）
「“5万着売れた”テレワーク時代のヒット商品『パジャマスーツ』はAOKIの危機感から生まれた…成功の3つの秘密」Business Insider Japan, https://www.businessinsider.jp/post-246648（2021年11月29日）

Fashionpress_85272/（2022年3月7日）
「希少な国産線香花火の製造所。筒井時正玩具花火製造所」eはなびやさん, https://www.hanabiyasan.co.jp/shopbrand/ct111/
「消えかけた国産線香花火の灯を守る 花火製造職人 筒井良太さん」ハリマ化成グループ, https://www.harima.co.jp/hq/legendary_technology/124/（2015年夏）
「【1万円】世界一高い線香花火の火が長持ちすぎたww」水溜りボンドYouTubeチャンネル, https://www.youtube.com/watch?v=cF1uFbM4B9U（2022年10月4日）
「『クリネックス ティシュー 至高「極（きわみ）」』新発売／日本製紙クレシア」ZDNET Japan, https://japan.zdnet.com/release/30138546/（2016年3月29日）
『物を売るバカ２感情を揺さぶる７つの売り方』川上徹也（角川新書、2018年）

〈３章〉
「高いのに宅配で爆売れ『ヤクルト1000』開発の裏側」東洋経済オンライン, https://toyokeizai.net/articles/-/576669（2022年1月30日）
「なぜヤクルト1000は睡眠に着目したのか。7月には増産も」Impress Watch, https://www.watch.impress.co.jp/docs/topic/1414406.html（2022年6月14日）
「『Yakult1000／Y1000』が異次元ヒット　累計10億本の社会現象に」日経クロストレンド, https://xtrend.nikkei.com/atcl/contents/18/00732/00002/（2022年11月4日）
「２億本突破！『ヤクルト1000』広報室が明かしたヒットの背景」FRIDAYデジタル, https://friday.kodansha.co.jp/article/241358（2022年4月28日）
「販売好調も発売開始後すぐに次の一手を決めて誕生したキリンの『おいしい免疫ケア』」食品新聞, https://shokuhin.net/72163/2023/03/26/inryou/inryou-inryou/（2023年3月26日）
「キリンビバレッジの『キリン おいしい免疫ケア』が販売好調―春シーズンの体調維持にも効果的!?」エキサイトニュース, https://www.excite.co.jp/news/article/Cobs_2585059/（2023年4月6日）
「『アリナミンナイトリカバー』が1250万本突破　就寝前に飲む新習慣」日経クロストレンド, https://xtrend.nikkei.com/atcl/contents/18/00732/00016/（2022年11月18日）
「アリナミン製薬『アリナミンメディカルバランス』／疲労回復・予防の効能の強みを生かし、競合他社との差別化に成功、前年比160％強で伸長」激流オンライン, https://gekiryu-online.jp/2023/04/130785（2023年4月30日）
「クリーム部門1位受賞！ コスメデコルテ リポソーム アドバンスト リペアクリーム特集｜人気の理由や使い方、口コミまで深掘り【MAQUIAベストコスメ2022下半期】」マキアオンライン, https://maquia.hpplus.jp/catalog/bestcosme/78155/1/（2022年12月20日）

話。」京都新聞 ON BUSINESS, https://www.kyoto-np.co.jp/ud/prtimesstory/64a25936760b060830000007
「小学生向け計算ドリルが“異例の大ヒット” ビジネスパーソンをも惹きつける理由とは？」ENCOUNT, https://encount.press/archives/442375/（2023年4月12日）
「琴平バス、『第4回日本サービス大賞』で地方創生大臣賞を受賞　地域と繋がるオンラインバスツアー」valuepress, https://www.value-press.com/pressrelease/309589（2022年12月8日）

〈２章〉
『99%の絶望の中に「1%のチャンス」は実る』岩佐大輝（ダイヤモンド社、2014年）
『甘酸っぱい経営　株式会社とNPOを併せ持つGRAモデル』岩佐大輝（ブックウォーカー、2015年）
『絶対にギブアップしたくない人のための 成功する農業』岩佐大輝（朝日新聞出版、2018年）
「GRA　岩佐 大輝｜一粒1,000円のイチゴ!?　震災の故郷がハイテク農業で蘇る！“ミガキイチゴ”（前編）」創業手帳, https://sogyotecho.jp/gra-migaki-ichigo-1/（2023年10月15日）
「故郷の誇り、イチゴで未来を創る。IT×農業が生み出す、地方の可能性。」another life., https://an-life.jp/article/1002（2018年4月26日）
「一粒千円のイチゴはなぜ売れる？被災地発のブランド化戦略とは」Yahoo!ニュース, https://news.yahoo.co.jp/articles/43ac0d548b114c746c49edf6a27b1c9f4a601523?page=1（2015年7月1日）
「匠の栽培技術をIT化したブランドいちご『ミガキイチゴ』」Hankyu FOOD, https://web.hh-online.jp/hankyu-food/blog/lifestyle/detail/001448.html（2023年2月8日）
「The Game Changer 第12回 農業生産法人GRA代表取締役CEO岩佐大輝氏　東日本大震災で傷ついた故郷の力になりたい！ 一粒1000円のイチゴに託した復興への想い」NECフィールディング, https://www.fielding.co.jp/column/the_game_changer/201907/（2019年7月29日）
「1粒1000円『ミガキイチゴ』のベンチャーを大手農薬メーカーが買収。なぜ気鋭の起業家は子会社化を選んだのか」Business Insider Japan, https://www.businessinsider.jp/post-276085（2023年3月30日）
「『あめやえいたろう』から登場　目も舌も喜ぶ甘い宝石」和食Style.jp, https://washoku-style.jp/hibikore/3393
「“食べられる宝石”『あめやえいたろう 宝石あめ』“実在の宝石”モチーフの宝石あめセットも」ウーマンエキサイト, https://erecipe.woman.excite.co.jp/article/

「【ヒット商品開発秘話】チョコを大胆に使う発想と謎のゆるキャラでヒットした不二家『カントリーマアム チョコまみれ』」@DIME, https://dime.jp/genre/1289280/（2022年2月15日）
「謎キャラで『カントリーマアム』大躍進　200億円突破の原動力に」日経クロストレンド, https://xtrend.nikkei.com/atcl/contents/18/00549/00012/（2021年11月18日）
「60億円のヒットの裏にセオリーあり。『カントリーマアム チョコまみれ』はなぜ売れたのか？」Marketing Native, https://marketingnative.jp/con33/（2023年1月26日）
「2021年の売上60億円突破 不二家『カントリーマアムチョコまみれ』」AdverTimes., https://www.advertimes.com/20220308/article378639/（2022年3月8日）
「五感を刺激する体験型アイス!?　ハーゲンダッツの新作『ミニカップ SPOON CRUSH（スプーンクラッシュ）』2種が登場」フードマニア, https://food-mania.jp/haagendazs-spooncrush/（2023年4月12日）
「スプーンでコツン🥄ハーゲンダッツの新シリーズ『ミニカップSPOON CRUSH（スプーンクラッシュ）』でパリじゅわを楽しもう♡」Pouch, https://youpouch.com/2023/04/10/943645/（2023年4月10日）
「カップ振る『シェイクうどん』大ヒット　丸亀製麺の持ち帰り専用」毎日新聞, https://mainichi.jp/articles/20230522/k00/00m/020/164000c（2023年5月22日）
「『発売3日で21万食』丸亀製麺のシェイクうどんがウマくておもしろい！なぜか感じる背徳感は新鮮すぎ？」MonoMax Web, https://monomax.jp/archives/171436/（2023年5月23日）
「韓国人はなぜ福岡でハンバーグ店に行列を為すようになったのか？」ASIA FUTURE, https://www.asia-future.com/president_blog/2017-12-31-7082（2017年12月31日）
「炭火焼きハンバーグ『挽肉と米』台北・大同区に海外初旗艦店」台北経済新聞, https://taipei.keizai.biz/headline/425/（2023年7月18日）
『1行バカ売れ』川上徹也（角川新書、2015年）
「【八ヶ岳】1日1万人！マスコミも殺到、山梨の人気スーパー『ひまわり市場』」magacol Mart, https://magacol.jp/2023/08/15/1049259.html（2023年8月15日）
「商品の魅力をA4紙で目一杯伝える。POPがアツイ田舎のスーパー『ひまわり市場』【北杜市】」楽しいとこダイスキ！, https://tanoshii-daisuki.com/himawari/（2021年11月1日）
『ストーリーブランディング100の法則』川上徹也（日本能率協会マネジメントセンター、2023年）
「23年上半期に空前の大ヒット！小学生向けの暗算の本がシニアにも爆売れした理由。『小学生がたった1日で19×19までかんぺきに暗算できる本』の誕生秘

参考図書・参考URL

〈１章〉

「『ケイト』の“リップモンスター”シリーズがメイクする高揚感を後押し　累計1000万本を突破」WWD, https://www.wwdjapan.com/articles/1538295（2023年4月14日）

「KATEのバズリップ、『リップモンスター』の新色『1/365日の日の出』って、いつのこと!?」SPUR.JP, https://spur.hpplus.jp/beauty/godfather_of_cosmetics/_FVO5w/（2023年2月10日）

「リップモンスター：『マスク生活でもメークを楽しみたい』ニーズに応え大ヒットの口紅　“モンスターの世界”をイメージしたユニークなネーミングもSNSで話題に」毎日キレイ, https://mainichikirei.jp/article/20230104dog00m100003000c.html（2023年1月5日）

「売り切れ続出！リップモンスターは50代にもオススメ」ハルメク365, https://halmek.co.jp/beauty/c/makeup/8536（2023年4月21日）

「『レース＝女性向け』は古い？ ワコールが男性下着に取り入れ大ヒット、レースボクサー誕生の背景」eltha, https://beauty.oricon.co.jp/special/101754/（2023年2月8日）

「ダイバーシティ時代の象徴？ワコールが作った男性用下着『レースボクサー』が売れている理由」@DIME, https://dime.jp/genre/1483428/（2022年10月31日）

「10日間で3カ月分を完売　『ワコールメン』“レースボクサー”にブリーフタイプが登場」WWD, https://www.wwdjapan.com/articles/1644279（2023年9月22日）

「なぜ売れた？“スーパードライ生ジョッキ缶”誕生秘話に学ぶインサイトの見つけ方」impress BUSINESS MEDIA Web担当者Forum, https://webtan.impress.co.jp/e/2022/10/12/43399（2022年10月12日）

「売れすぎヒット商品『生ジョッキ缶』はどんなキッカケで誕生したの？ アサヒビール担当者を直撃！」All About ニュース, https://news.allabout.co.jp/articles/o/34860/（2021年12月13日）

「アサヒビール、生ジョッキ缶ヒットの背景にあった『原点回帰』の施策とは？」ダイヤモンド・オンライン, https://diamond.jp/articles/-/286625（2021年11月12日）

「人気殺到の『生ジョッキ缶』革新的な缶を開発し『飲む機会』を創出」販促会議（宣伝会議、2021年7月号）

「『アサヒスーパードライ 生ジョッキ缶』が完売続出　泡の新体験」日経クロストレンド, https://xtrend.nikkei.com/atcl/contents/18/00549/00014/（2021年11月19日）

著者略歴

川上徹也（かわかみ・てつや）

コピーライター
湘南ストーリーブランディング研究所代表
大阪大学人間科学部卒業後、大手広告代理店勤務を経て独立。数多くの企業の広告制作に携わる。東京コピーライターズクラブ（TCC）新人賞、フジサンケイグループ広告大賞制作者賞、広告電通賞、ACC賞など受賞歴多数。とくに企業や団体の「理念」を一行に凝縮して旗印として掲げる「川上コピー」が得意分野。「物語」の持つ力をマーケティングに取り入れた「ストーリーブランディング」という独自の手法を開発した第一人者として知られる。現在は、広告制作にとどまらず、さまざまな企業・団体・自治体などのブランディングや研修のサポート、広告・広報アドバイザーなどもつとめる。著書は『物を売るバカ』『1行バカ売れ』（いずれも角川新書）、『キャッチコピー力の基本』（日本実業出版社）、『江戸式マーケ』（文藝春秋）、『売れないものを売る方法? そんなものがほんとにあるなら教えてください!』（SB新書）など多数。海外にも20冊以上が翻訳されており、台湾・中国などでベストセラーになっている。

SB新書　645

高くてもバカ売れ！　なんで？

インフレ時代でも売れる７の鉄則

2024年2月15日　初版第1刷発行

著　　者　川上徹也
発 行 者　小川 淳
発 行 所　SBクリエイティブ株式会社
〒105-0001 東京都港区虎ノ門2-2-1

装　　丁
本文デザイン　杉山健太郎

D　T　P
目次・章扉　アーティザンカンパニー株式会社

校　　正　有限会社あかえんぴつ
編集協力　田邉愛理
編　　集　大澤桃乃（SBクリエイティブ）
印刷・製本　大日本印刷株式会社

本書をお読みになったご意見・ご感想を下記URL、
または左記QRコードよりお寄せください。
https://isbn2.sbcr.jp/22862/

ISBN 978-4-8156-2286-2